# DIE SOWJETUNION ZWISCHEN DEN KRIEGEN

175 Photographien aus den Jahren 1917–1941

Ausgewählt und kommentiert von

Daniela Mrázková und Wladimir Remeš

Vorwort von Gerd Ruge

Stalling

INS DEUTSCHE ÜBERTRAGEN VON KURT M. RUDA
© 1981 STALLING VERLAG GMBH, OLDENBURG–HAMBURG–MÜNCHEN
GESAMTHERSTELLUNG CLAUSEN & BOSSE, LECK
PRINTED IN GERMANY
ISBN 3-7979-1356-7

# Inhalt

# Vorwort

Dies sind Bilder aus einer großen Zeit. Sie lassen etwas ahnen von der Großartigkeit der Gefühle, der Gewaltsamkeit der Veränderungen und schließlich von der Erkaltung revolutionärer Hitze und der Erstarrung einer neuen revolutionären Kunst zum Lenkungsmedium. Am Ende dieses Bandes zündet sich Stalin die Pfeife an, abgeklärt, weise und enorm menschlich photographiert. Viel früher fallen mir zwei Photos von Lenin und seiner Frau auf, beide 1918 gemacht und vielleicht am selben Tage: auf einem wirkt Lenin ganz jung, wie wir ihn aus wenigen Bildern kennen. Und das zweite Bild, mehr aus der Nähe, gibt ihm schon jene unnahbare Würde und Bedeutung, die ihm nach seinem Tode zugelegt wurde. Aber dieser Lenin vom Anfang der 20 Jahre, die dieses Buch behandelt, war niemals annähernd so photogen wie Stalin an seinem Ende. Mit der Zeit hatte sich auch die Kunst der Photographen gewandelt.

Seltsam und bemerkenswert, wie sie ihre Bilder schon früh auf die Endzeit dieser Jahre hin komponierten. Die Kamera in der Hand, das Auge am Objektiv, glauben die Photographen zunächst mit Begeisterung, daß sie die Welt bewegen müssen, daß sie nicht nur Informatoren, sondern Propagandisten, Agitatoren, ja Organisatoren sein sollten. In ihren Kompositionen nehmen sie eine revolutionäre Wirklichkeit, wie sie sein sollte, schon ahnend vorweg, – ohne zu spüren, daß diese Vorwegnahme bereits ein Schritt zur künftigen geplanten und vorgeschriebenen Wirklichkeit sein würde.

Man sieht diesen Bildern die Begeisterung für eine neue Form der Gesellschaft und der Kunst an. Da war die Erregung, mit der Kamera nah am Ort des Geschehens zu sein, nah am Zentrum jenes gewaltigen Erdbebens, das die Welt veränderte. Oft freilich scheint den Bildern die Liebe zu den Menschen zu fehlen, werden Bilder vom Rückständigen und Alten zu bloßen Beweisstücken dafür, daß hier der Fortschritt einzuziehen hat. Manches wirkt wie ethnologisches Beweismaterial für die Notwendigkeit von Veränderungen. Kanalbau in Zentralasien: Hände und Körbe und exotische Menschen, eine Kulisse steil erhobener Volksinstrumente, – auf solche Bilder waren vor einem Jahrzehnt die chinesischen Photographen noch stolz, bis öffentlich ausgesprochen wurde, wieviel solche Bauten kosten. Die sowjetischen Photographen, die solche Bilder vor 50 Jahren machten, – erinnern sie sich noch manchmal daran, daß ihr Objektiv an den Millionen vorbeiblickte, die an den Großbauten zerbrachen, zerstört und ausgelöscht wurden? Oder sind es für sie nur Erinnerungen an eine langvergangene Zeit, in der sie mit den Mitteln einer neuen Technik und angeregt von dem künstlerischen Willen der konstruktivsten Photos von bemerkenswertem und dauerndem Kunstwert komponieren konnten? Lag es an ihnen oder war es ein geheimnisvoller Zug der Zeit, der dazu führte, daß das Bild, auf dem sowjetische Soldaten an einem mongolischen Fluß die rote Fahne aufpflanzten, jenem Bronzedenkmal in Washington zum Verwechseln ähnlich sieht, das amerikanische Marine-Infanteristen bei der Eroberung von Iwo Jima darstellt?

Dieser Photoband zeigt nur einen Ausschnitt aus der Entwicklung der Sowjetunion zwischen Revolution und Krieg, zeigt nur einen Teil des Rußlands, das die Revolution verwandelte. Aber die Photos zeigen etwas von der geistigen Veränderung, die sich im verwandelten Blick der Photographen widerspiegelte. Die Photographen der frühen 20er Jahre wollten nicht abbilden, sondern gestalten, aber das Material ihrer Bilder war dennoch die Wirklichkeit. Sie sahen sie und sie leugneten sie nicht. Am Ende der 30er Jahre, in der Zeit Stalins also, sind die Photos erstarrt zu ästhetisierenden Kunstwerken – monumental, dramatisch, durchaus schön. Weggelassen ist, was lebendig oder schrecklich wäre, und selbst Stalin sieht aus, als lasse er sich von einem Schauspieler darstellen.

Den Verzicht auf Wirklichkeit zugunsten künstlerischer oder politischer Wirkung hat nicht erst Stalin dekretiert und erzwungen. In der begeisterten Bereitschaft, die Gegenwart als Material für die Zukunft zu benutzen, keimte schon die Rechtfertigung dafür, auch die schrecklichen Jahre der Stalin-Herrschaft zur Lichtbildkunst zu überhöhen. Auch wenn in diesem Band der Bilder von Aufbruch und Aufbau der Sowjetunion die Silhouetten der Verlorenen und Vernichteten fehlen, so weisen viele Photos in ihrer eindrucksvollen, fast klassischen Künstlichkeit auf den Verlust hin. In den Arbeiten aus den 30er Jahren zeigt sich jene Verengung der Perspektive, aus der die sowjetische Kunst bis heute mühsam den Blick auf die menschliche Gegenwart wiederzufinden versucht. Es klingt paradox, aber diese Sammlung sowjetischer Photographien ist sozusagen gegen sich selbst zum Dokument einer Wirklichkeit geworden, die sich dem Blick durchs Objektiv gewöhnlich entzieht.

Gerd Ruge

*1917*

**22. 2.** Februarrevolution in Rußland. Massendemonstrationen der Arbeiter mit Antikriegsparolen in Petersburg, Moskau, Baku, Nischnij Nowgorod und anderen Städten.

**26. 2.** Die Arbeiter von Petersburg organisieren einen bewaffneten Aufstand gegen den Zarismus, rufen eine demokratische Republik aus, führen die achtstündige Arbeitszeit ein, konfiszieren den Boden der Grundbesitzer zu Gunsten der Bauern. In Rußland endet der Erste Weltkrieg.

**2. 3.** Zar Nikolaus II. dankt in seinem und im Namen des Thronfolgers zu Gunsten des Großfürsten Michail ab. Der Versuch, die Monarchie zu erhalten, scheitert am Widerstand der Massen und an der sowjetischen revolutionären Organisation der Arbeiter- und Soldaten-Delegierten in Petersburg. Entstehung der Doppelherrschaft aus der bürgerlichen Provisorischen Regierung und den Sowjets (Räten) der Arbeiter- und Soldaten-Delegierten.

**3. 4.** Aus dem Schweizer Exil kommt V. I. Lenin mit einer Gruppe Bolschewiki über Deutschland, Schweden und Finnland nach Petersburg.

**28. 6.** Der Ukrainische Zentralrat in Kiew fordert bei seiner Konstituierung die völlige Abtrennung von Rußland anstelle der bisherigen Autonomie.

**1. 6.** Die Provisorische Regierung versichert der Entente (»Tripelentente«, die in den Jahren 1904–1907 zwischen Großbritannien, Frankreich und Rußland gegen Deutschland und Österreich-Ungarn geschlossen wurde, und der sich im Laufe des Ersten Weltkriegs weitere Staaten anschlossen), daß sie den Verbündeten gegenüber alle Verpflichtungen der zaristischen Regierung erfüllen werde.

**24. 10.** Mit einem bewaffneten Aufstand gegen die Provisorische Regierung beginnt die Oktoberrevolution.

**25. 10.** Verhaftung der Provisorischen Regierung in Petersburg. Der II. Allrussische Kongreß der Sowjets billigt die Machtübernahme durch sowjetische Arbeiter-, Bauern- und Soldatendeputierte. Bildung der sowjetischen Regierung: Rat der Volkskommissare. Vorsitzender wird V. I. Lenin.

*1918*

**16. 1.** Die »Deklaration der Rechte des arbeitenden und ausgebeuteten Volkes« erklärt die Russische sowjetische Republik als Föderation sowjetischer Volksrepubliken und legt die Grundsätze der Verfassung der sowjetischen Republik fest.

**28. 1.** Durch ein Dekret des Rates der Volkskommissare entsteht aus Freiwilligen – Arbeitern und Bauern – die Rote Armee (*Rudá armáda*).

**3. 2.** Das Allrussische Zentralexekutivkomitee annulliert die in- und ausländischen Anleihen und Schulden

Rußlands, die von der zaristischen und der Provisorischen Regierung abgeschlossen wurden.

**5. 2.** Dekret der sowjetischen Regierung über die Trennung von Kirche und Staat.

**14. 2.** Durch ein Dekret des Rats der Volkskommissare wird im sowjetischen Rußland der Gregorianische Kalender eingeführt.

**18. 2.** Beginn der Offensive der deutschen und österreich-ungarischen Armeen gegen das sowjetische Rußland. Truppen fallen in die Ukraine ein.

**23. 2.** Deklaration der sowjetischen Herrschaft über das ganze Territorium Sibiriens und des Fernen Ostens.

**3. 3.** Unterzeichnung des Friedensvertrages von Brest-Litowsk zwischen den Mittelmächten und dem sowjetischen Rußland. Rußland muß die Armee und Marine demobilisieren; Finnland, Polen, Litauen, Kurland, Livland und Estland räumen, ebenso Kars, Batum und Ardahan – ohne Festlegung der russischen Westgrenze; die Ukraine als selbständig anerkennen und eine Kriegsentschädigung zahlen.

**9. 3.** Mit der Landung britischer Einheiten in Murmansk beginnt die Intervention der Entente in Westrußland.

**10. 3.** Die sowjetische Regierung übersiedelt von Petersburg nach Moskau. Moskau wird die Hauptstadt Rußlands.

**5. 4.** Mit der Landung japanischer Einheiten in Wladiwostok beginnt die japanische Intervention im Fernen Osten und in Sibirien.

**25. 5.** Die Tschechoslowakische Legion in Rußland eröffnet im Wolgagebiet die Offensive gegen die Rote Armee.

**28. 6.** Dekret des Rates der Volkskommissare über die Nationalisierung (Überführung in Volkseigentum – Anm. d. Ü.) großer Betriebe und von Zweigen der Grundindustrie.

**17. 7.** In Swerdlowsk am Ural (bis 1924 »Jekaterinenburg«) wird der ehemalige Zar Nikolaus II. Romanow mit seiner Familie erschossen.

**1. 8.** Appell der Sowjetregierung an die Völker in Großbritannien, Frankreich, Italien, Japan und den USA, gegen die bewaffnete Intervention auf sowjetischem Territorium zu opponieren.

**30. 8.** Attentat auf V. I. Lenin im Moskauer Betrieb Michelsonow.

**13. 11.** Ein Dekret des Allrussischen Zentralexekutivkomitees über die Annullierung des Friedensvertrages von Brest-Litowsk ermöglicht die Offensive gegen die deutsche Okkupation westlicher Gebiete Rußlands.

**18. 11.** Intervention der Entente in der Ukraine und in Südrußland. Durch einen Putsch in Omsk wird der Repräsentant der Militärdiktatur, Admiral A. V. Koltschak, zum »höchsten Regenten« Rußlands ausgerufen.

**21. 11.** Dekret des Rates der Volkskommissare über die

Organisation der Versorgung der Bevölkerung mit Lebensmitteln und Gegenständen für den persönlichen Gebrauch. Es ist – als erste Maßnahme des »Kriegskommunismus« – der Anfang eines Zuteilungssystems.

*1919*

**1. 1.** Entstehung der Weißrussischen Sowjetrepublik.

**6. 2.** Die Rote Armee zieht in Kiew ein und besetzt bis Ende Februar fast das ganze Gebiet der Ukraine und der Krim.

**1. 6.** Die Ukraine, Litauen, Lettland und Weißrußland schließen in Moskau ein Abkommen über gemeinsames bewaffnetes Vorgehen gegen Konterrevolution und Intervention.

**10. 10.** Der Oberste Rat der Ententemächte verkündet in Paris eine strenge Wirtschaftsblockade Rußlands.

**21. 10.** An der Petersburger Front drängt die Rote Armee die Truppen des Generals Judjenitsch nach Estland zurück.

**24. 10.** Die Rote Armee drängt die Truppen des Generals Djenikin aus Woronesch heraus. Die Kavallerie S. M. Budjonnis vernichtet das weißgardistische Kavalleriekorps der Generäle Momontow und Schkur und wendet dadurch die unmittelbar drohende Gefahr für das Gebiet Tula-Moskau ab.

**14. 11.** Die Armee des Generals Koltschak verläßt Omsk und flüchtet in das Gebiet hinter dem Bajkalsee.

**26. 12.** Das Dekret des Rates der Volkskommissare über die Abschaffung des Analphabetentums verpflichtet alle Einwohner von acht bis fünfzig Jahren, in Russisch oder in der Muttersprache schreiben und lesen zu lernen.

*1920*

**3. 1.** Die Rote Armee zieht in Zarizyn (bis 1961 Stalingrad, dann Wolgograd) ein.

**5. 1.** Die Rote Armee liquidiert die Gegenrevolution der Kosaken im südlichen Ural.

**13. 1.** Rote Partisanenabteilungen bemächtigen sich Wladiwostoks und erneuern die Sowjetmacht im Fernen Osten.

**7. 3.** Die Rote Armee zieht in Irkutsk ein.

**23. 3.** Der Rat der Volkskommissare billigt die Staatliche Kommission für die Elektrifizierung Rußlands (*GOELRENO*).

**27. 3.** Die Kapitulation der Armee Djenikins in Sotschi bedeutet das Ende der zweiten Intervention der Entente gegen das sowjetische Rußland.

**29. 3.** Eröffnung des IX. Kongresses der Kommunistischen Partei Rußlands (Bolschewiki). Er befaßt sich mit den Problemen der Wiederherstellung der Wirtschaft und des Aufbaus des Landes.

**25. 4.** Beginn des polnisch-sowjetischen Krieges, der bis zum 18. 10. 1920 dauert.

28. 4. Proklamation der Sowjetrepublik Aserbeidschan.

14. 9. Ausrufung der sowjetischen Volksrepublik Buchara.

14. 10. Unterzeichnung des Friedensvertrages zwischen Sowjetrußland und Finnland.

16. 11. Mit der Liquidierung von Truppen des Generals Wrangell in Kertsch endet die Ära des Bürgerkrieges und der ausländischen militärischen Intervention in Rußland.

*1921*

25. 2. Entstehung der Grusinischen Sowjetrepublik.

8. 3. Eröffnung des X. Kongresses der Kommunistischen Partei Rußlands (Bolschewiki). Er beschließt, eine »Neue ökonomische Politik« einzuleiten (NEP – begrenzte Zulassung von Privatbetrieben, notwendig für eine schnelle Wiederbelebung der Wirtschaft des Landes).

16. 3. Abschluß des Handelsvertrages zwischen Sowjetrußland und Großbritannien. Unterzeichnung des Freundschaftsvertrages mit der Türkei.

18. 3. Abschluß des Friedensvertrages mit Polen.

18. 7. Eine Zentralkommission wird mit dem Ziel eingesetzt, den Hungernden zu helfen. Infolge der Dürre und Mißernte in den landwirtschaftlichen Gebieten an der Wolga, am südlichen Ural und in der Ukraine hungerten 27 Millionen Menschen.

23. 12. Der IX. Allrussische Kongreß der Sowjets arbeitet Richtlinien für die Kollektivierung der Landwirtschaft und für die Erneuerung der Schwerindustrie und Energiewirtschaft aus. Der Kongreß billigt eine Verringerung der Stärke der Roten Armee und Marine auf ein Drittel der Stärke von 1920.

*1922*

27. 3. Sitzung des XI. Kongresses der Kommunistischen Partei Rußlands (Bolschewiki). Letzter Kongreß unter der persönlichen Leitung von V. I. Lenin. Nach diesem Kongreß (April 1922) wurde Josef Wissarionowitsch Dschugaschwili Stalin zum Generalsekretär der Partei gewählt.

10. 4. Konferenz in Genua über die Möglichkeiten wirtschaftlicher Beziehungen westlicher Länder mit Sowjetrußland.

16. 4. In Rapallo wird der deutsch-sowjetische Vertrag unterzeichnet; er durchbricht die wirtschaftliche Blockade Rußlands. Beide Staaten erneuern ihre wirtschaftlichen Beziehungen, verzichten gegenseitig auf eine Entschädigung für Kriegs- und Nachkriegsschäden und verpflichten sich, einander in ihren wirtschaftlichen Beziehungen Meistbegünstigung zu gewähren. Deutschland enthält sich aller Ansprüche auf Rückgabe nationalisierter Betriebe deutscher Eigentümer in Rußland, sofern diese Betriebe nicht Angehörigen anderer Staaten übereignet werden.

15. 6. Im Haag wird die internationale Wirtschaftskonferenz von Genua fortgesetzt. Die sowjetische Seite äußert ihre Bereitschaft, die Vorkriegsschulden Rußlands grundsätzlich anzuerkennen, wenn die Sowjetregierung *de jure* anerkannt wird und Warenkredite erhält.

13. 11. Die Fernöstliche Republik tritt der Russischen Sozialistischen Föderativen Sowjetrepublik bei.

30. 12. Bildung der Union der Sozialistischen Sowjetrepubliken (UdSSR).

*1923*

17. 4. Eröffnung des XII. Kongresses der Kommunistischen Partei Rußlands (Bolschewiki), der ein Programm der staatlichen Verfassung der UdSSR ausarbeitet, die »Gleichheit der Rechte und Pflichten aller Unionsrepubliken« garantiert. Der Kongreß bereitet die Verfassungskommission vor, die sich aus Vertretern der einzelnen Republiken zusammensetzt.

*1924*

16. 1. Die Konferenz der Kommunistischen Partei Rußlands (Bolschewiken) verurteilt die Trotzkistische Opposition als Äußerung kleinbürgerlicher Sektiererei.

21. 1. An diesem Tag stirbt W. I. Lenin, Vorsitzender des Rates der Volkskommissare der UdSSR.

26. 1. Der II. Kongreß der Sowjets der UdSSR beschließt die Umbenennung der Stadt Petersburg in Leningrad, ferner die Errichtung eines Lenin-Mausoleums in Moskau.

Entscheidung, das Analphabetentum im Lande bis zum Jahre 1927 abzuschaffen.

5. 2. Währungsreform. Einführung eines festen Kurses des Rubel.

8. 2. Zu Italien werden diplomatische Beziehungen angeknüpft.

25. 2. Diplomatische Beziehungen zu Österreich.

8. 3. Diplomatische Beziehungen zu Griechenland.

10. 3. Diplomatische Beziehungen zu Norwegen.

15. 3. Diplomatische Beziehungen zu Schweden.

23. 5. Eröffnung des XIII. Kongresses der Kommunistischen Partei Rußlands (Bolschewiki), auf dem jener Brief Lenins an den Kongreß erörtert wird, der Stalins persönliche Eigenschaften kritisiert. Der Kongreß beschließt, Stalin in der Funktion des Generalsekretärs zu belassen, wenn er aus Lenins Kritik Folgerungen zieht.

31. 5. Diplomatische Beziehungen zu China.

18. 6. Diplomatische Beziehungen zu Dänemark.

14. 10. Entstehung der Sowjetrepublik Tadschikistan.

27. 10. Entstehung der Sowjetrepubliken Usbekistan und Turkmenien.

28. 10. Diplomatische Beziehungen zu Frankreich.

*1925*

20. 1. In Peking wird der japanisch-sowjetische Vertrag geschlossen; *De jure*-Anerkennung der UdSSR, Vereinbarung über den Abzug der Okkupationstruppen aus Westsachalin. Die UdSSR gewährt Japan Erdölkonzessionen.

8. 9. Gesetzliche Verankerung der Wehrpflicht. Dienst an der Waffe dürfen nur Arbeiter und Bauern tun; Angehörige der übrigen Schichten haben andere militärische Pflichten zu erfüllen.

18. 12. Der XIV. Kongreß der Kommunistischen Partei Rußlands (Bolschewiki) billigt das Programm für die sozialistische Industrialisierung. Der Einspruch Sinowjews und Kamenews gegen die Industrialisierung wird abgewiesen. Die Partei wird in »Kommunistische Partei der Sowjetunion (Bolschewiki)« (KPdSU/B) umbenannt.

*1926*

24. 4. Sowjetisch-deutscher Freundschaftsvertrag.

1. 5. Grundsteinlegung zur ersten sowjetischen Traktorenfabrik in Stalingrad.

Im September entstehen die ersten Aktivistenbrigaden der Arbeiter im Werk »Rotes Dreieck« in Leningrad.

Im Oktober verurteilt die KPdSU die trotzkistisch-sinowjewistische Opposition in der Partei als »sozialdemokratische Sektiererei«.

*1927*

18. 4. Eröffnung des IV. Sowjetkongresses. Er setzt das Ziel, »in kürzester Zeit die industrielle Entwicklung der kapitalistischen Länder einzuholen und zu überholen«. Angenommen wird die Entschließung über die Vorbereitung des ersten Fünfjahresplanes zur Entwicklung der Volkswirtschaft.

24. 8. Die erste innere Staatsanleihe zur Industrialisierung wird in Höhe von 200 Millionen Rubel auf zehn Jahre ausgeschrieben.

7. 11. Demonstration der »trotzkistisch-sinowjewistischen Opposition« bei den Feiern zum 10. Jahrestag der Oktoberrevolution.

30. 11. Der vorbereitenden Kommission für die Abrüstungskonferenz in Genf wird der Entwurf der sowjetischen Delegation zur völligen Abrüstung vorgelegt.

Im November wird der Grundstein für das Dnjepr-Wasser-Kraftwerk (Dnjeprostroje) gelegt.

2. 12. Der XV. Kongreß der KPdSU billigt die Entschließung über die Kollektivierung der Landwirtschaft. Der Kongreß schließt die Mitglieder der »trotzkistisch-sinowjewistischen Opposition« aus der Partei aus.

*1928*

**Frühjahr.** Streiks der Kulaken (Bauern mit familienfremden Arbeitskräften), Sabotage des staatlichen Ankaufs von Getreide. Die Streikenden werden zum großen Teil liquidiert, das Getreide beschlagnahmt.

18. 5. Prozeß gegen eine Gruppe, die im Gebiet des Donezbeckens »die Förderung von Kohle sabotiert und Grubenunglücke organisiert hat«.

**August.** Beschlagnahme des Eigentums der Kulaken auf den Dörfern. Aussiedlung der Kulaken aus der Republik Kasachstan.

1. 10. Beginn des ersten Fünfjahresplanes für die Entwicklung der Wirtschaft. Das Volumen der geplanten Investitionen beträgt 64,5 Milliarden Rubel, also das Zwölffache der Investitionen der Jahre 1923–1928. In der Landwirtschaft sind vier bis fünf Millionen bäuerliche Anwesen zu kollektivieren. Der Plan soll die allgemeine Grundschulbildung verwirklichen.

Im Oktober 1928 beginnt der Kampf gegen die »Opposition Bucharins, Rykows und Tomskys innerhalb der KPdSU«. Zurückgewiesen wird »der Versuch der Opposition, den Klassenkampf gegen das Kulakentum einzustellen«, sowie die Theorie der Opposition vom »friedlichen Hineinwachsen der Kulaken in den Sozialismus«.

*1929*

30. 1. Leo Dawidowitsch Trotzki wird aus der UdSSR ausgewiesen.

9. 5. Das Zentralkomitee der KPdSU fordert auf, den sozialistischen Wettbewerb der Fabriken als ständige Arbeitsmethode zur wirtschaftlichen Entwicklung des Landes zu organisieren.

16. 8. Abbruch der diplomatischen Beziehungen zu China, die am 22. 12. 1932 wieder aufgenommen werden.

**Herbst.** Die Parole wird verbreitet: »Den Fünfjahresplan erfüllen wir in vier Jahren!«

5. 12. In Moskau findet der I. Allunionskongreß der Aktivistenbrigaden statt. Er stimmt der Aufforderung zu, den sozialistischen Wettbewerb in ein ständiges Arbeitssystem umzuändern. Am Wettbewerb beteiligen sich 900 000 Arbeiter.

An der Jahreswende Übergang zur Massenkollektivierung der Landwirtschaft. Die Politik der Einschränkung der Kulaken ändert sich in eine Politik der Liquidierung

des Kulakentums als Klasse.
Im Ural wird mit dem Bau des neuen Industriezentrums Magnitogorsk (1929–1931) begonnen.

*1930*

**5. 1.** Der Beschluß des Zentralkomitees der KPdSU setzt Fristen für die Beendigung der Kollektivierung der Landwirtschaft in verschiedenen Gebieten fest: Bis zum Frühjahr 1931 soll die Kollektivierung im nördlichen Kaukasus, im mittleren und unteren Wolgagebiet beendet sein; bis zum Frühjahr 1932 in der Ukraine, im Ural und in Kasachstan. Der Beschluß ordnet an, Mustersatzungen für Kolchosen auszuarbeiten und warnt davor, die Kollektivierung von oben zu »dekretieren« statt die freiwillige Bereitschaft dazu zu wecken.

**1. 5.** Eröffnung des Verkehrs auf der turkestanisch-sibirischen Eisenbahn (Turksib); sie verbindet das Getreide- und Waldgebiet Westsibiriens mit den Baumwollrepubliken Mittelasiens. Die Bahn ist 1500 km lang und wurde 17 Monate vor dem geplanten Termin fertiggestellt.

**10. 2.** Papst Pius XI. verkündet einen »Gebetskreuzzug« gegen den gottlosen Kommunismus und die UdSSR.

**15. 5.** Beschluß des Zentralkomitees der KPdSU/B, eine zweite Basis der Schwerindustrie im Kusnezker Becken am Ural aufzubauen.

**17. 6.** In Stalingrad nimmt das erste sowjetische Traktorenwerk die Produktion auf.

**26. 6.** Eröffnung des XVI. Kongresses der KPdSU/B. Er ordnet an, den Fünfjahresplan in vier Jahren zu erfüllen, im Osten ein Zentrum der Kohle- und Schwerindustrie aufzubauen, die Produktion von Maschinen und landwirtschaftlichen Maschinen zu erhöhen, die Kollektivierung der Landwirtschaft in Gebieten ohne Getreideanbau vorzubereiten.

**1. 7.** In der Fabrik »Komunard« in Saporoshe wird der erste sowjetische Mähdrescher erzeugt.

**29. 10.** Der Rat der Volkskommissare beschließt, Einkäufe in Ländern, die ein Handelsembargo gegen die UdSSR verhängt haben (Belgien, Frankreich, Kanada u. a.), zu begrenzen oder ganz zu verbieten.

**25. 11.** Prozeß gegen die sogenannte »Industriepartei« (1928 gegründet, setzte sie sich aus ehemaligen Eigentümern russischer Industriebetriebe zusammen und wurde vom Handels- und Industrieausschuß *Torgprom* in Paris geleitet). Sie wurde wegen antisowjetischer Tätigkeit verurteilt.

*1931*

**21. 1.** Beschluß des Arbeitsrates über Verteidigung und Entwicklung des Kohlenbeckens in Karaganda.

**8. 3.** Sitzung des VI. Sowjetkongresses der UdSSR. Sie führt den Leistungslohn in Kolchosen ein, um die Arbeitsdisziplin zu festigen.

Während des Jahres wird mit dem Bau des ersten Abschnitts der U-Bahn (Metro) in Moskau begonnen.

Am Ende des Jahres ist der erste Fünfjahresplan in den Industriezweigen Elektrotechnik, Maschinenbau und Fischkonservierung innerhalb von drei Jahren erfüllt. Die Hauptdirektiven des Plans für die Elektrifizierung der UdSSR sind erfüllt.

*1932*

**1. 1.** In Gorki nimmt die ab 1930 erbaute Automobilfabrik den Betrieb auf.

**21. 1.** Nichtangriffspakt mit Finnland.

**31. 1.** In Magnitogorsk im Ural wird der erste Hochofen

in Betrieb genommen. Am 3. 4. beginnt im Kusnezker Kombinat der erste Hochofen zu arbeiten, am 18. 9. der erste Martinofen.

**5. 2.** Nichtangriffspakte mit Lettland und Litauen.

**23. 4.** Beschluß des Zentralkomitees der KPdSU/B »über die Umgestaltung der Organisationen für Literatur und Kunst«. Auflösung der bisherigen Organisationen und Gründung einheitlicher selektiver Kunstverbände.

**1. 5.** Beginn der Produktion landwirtschaftlicher Maschinen in Taschkent (SSR Usbekistan). Es ist der erste industriell landwirtschaftliche Betrieb in den Republiken Mittelasiens.

**4. 5.** Nichtangriffspakt mit Estland.

**25. 7.** Nichtangriffspakt mit Polen.

**10. 10.** Voller Betrieb des Wasserkraftwerks am Dnjepr (Teilbetrieb ab 1. 5.).

**29. 11.** Französische Initiative führt zum Abschluß des Nichtangriffspaktes zwischen der UdSSR und Frankreich.

*Im Laufe des Jahres:* Am Amur, dem Hauptstrom Sibiriens, wird die neue Stadt Komsomolsk gegründet.

Der Eisbrecher »Sibirjakow« unter dem Kommando des Polarforschers O. J. Schmidt fährt von der Barents-See in den Stillen Ozean. Es ist die erste Fahrt eines Schiffes durch dieses Eismeergebiet ohne Überwinterung.

*1933*

**1. 1.** Verkündung des zweiten Fünfjahresplans zur Entwicklung der Volkswirtschaft. Er zielt auf die endgültige Beseitigung »kapitalistischer Elemente«, auf die technische Umstellung der Volkswirtschaft, sowie auf schnellere Hebung des Lebensniveaus der Arbeiter und Bauern. Im Vergleich zum ersten Fünfjahresplan ist das Volumen der Investionen 2,6 mal größer. Gegenüber dem Jahr 1932 soll sich die Produktion mehr als verdoppeln, im Vergleich zum Jahr 1913 versechsfachen.

**20. 6.** Auf dem neuen Ostsee-Weißmeer-Kanal wird der Schiffsverkehr aufgenommen.

**28. 7.** Aufnahme diplomatischer Beziehungen zu Spanien.

**2. 9.** Freundschafts-, Neutralitäts- und Nichtangriffspakt mit Italien.

**16. 11.** Aufnahme diplomatischer Beziehungen zwischen der UdSSR und den USA. Die Vereinigten Staaten waren die letzte Großmacht, die diplomatische Beziehungen zur UdSSR angeknüpft hat.

Ende des Jahres wird die – schon legendär gewordene – Polarexpedition des Dampfers »Tscheljuskin« verwirklicht.

*1934*

**26. 1.** Eröffnung des XVII. Kongresses der KPdSU/B. »Die dogmatische Verzerrung der Parteilinie durch J. W. Stalin« wird scharf kritisiert. Vor dem Kongreß hatten Massensäuberungen in den Parteiorganisationen stattgefunden. Der Kongreß versucht vergeblich, Stalin seiner Funktion als Generalsekretär der KPdSU/B zu entheben. Die Kritik bezahlt ein beträchtlicher Teil der Mitglieder des Zentralkomitees und der Delegierten mit dem Leben.

**23. 7.** Diplomatische Beziehungen zwischen der UdSSR und Bulgarien.

**17. 9.** Wiederaufnahme der diplomatischen Beziehungen zu Albanien.

**18. 9.** Die UdSSR tritt dem Völkerbund bei.

**7. 12.** Durch Beschluß des Rats der Volkskommissare wird das Bezugsscheinsystem für Brot, Mehl und andere Lebensmittel aufgehoben.

*1935*

**11. 2.** Der II. Kongreß der Kolchosen-Aktivisten billigt die Musterstatuten der landwirtschaftlichen Arbeitsgemeinschaften und ordnet an, diese Statuten innerhalb von drei Monaten in allen Kolchosen zu erörtern. Die Statuten verbieten den Kauf, Verkauf oder die Verpachtung von Boden; sie legen die Größe von Privatgrundstücken fest und schließen die Aufnahme von Kulaken und deren Familienangehörigen als Mitglieder aus, wenn sie nicht den Beweis für eine dreijährige Loyalität gegenüber dem Sowjetregime erbringen können.

**23. 3.** Die UdSSR verkauft die ostchinesische Eisenbahn an die Mandschurei.

**2. 5.** Unterzeichnung des Vertrages über gegenseitige Hilfeleistung zwischen der UdSSR und Frankreich.

**16. 5.** Unterzeichnung des Vertrages über gegenseitige Hilfeleistung mit der Tschechoslowakei.

*Mai* Erster Abschnitt der Moskauer U-Bahn (Länge 11.6 km) fertiggestellt.

**13. 7.** Abschluß des ersten Handelsvertrages zwischen der UdSSR und den USA.

**30./31. 8.** Weltrekord in Kohlenförderung: In der Zeche *Centralnoje Irmino* im Donezbecken fördert der Bergmann A. Stachanow innerhalb der Sechsstundenschicht 102 Tonnen Kohle, das Vierzehnfache der Norm. Beginn der »Stachanow-Bewegung« im sowjetischen Bergbau.

**25. 9.** Auf Beschluß des Rates der Volkskommissare und des Zentralkomitees der KPdSU/B wird der Brotpreis herabgesetzt; die Lebensmittelkarten für Fleisch, Fisch, Fett, Zucker und Kartoffeln werden abgeschafft (eingeführt 1928).

*1936*

**22. 8.** Kamenew, Sinowjew, Jewdokimow, Rejnogold und andere Parteifunktionäre werden wegen »Spionage, terroristischer und antisowjetischer Tätigkeit« zum Tode verurteilt.

**25. 11.** Der außerordentliche VIII. Allunionskongreß der Sowjets in Moskau billigt den endgültigen Wortlaut der Verfassung der UdSSR, wonach die »UdSSR ein sozialistischer Staat der Arbeiter und Bauern und eine föderative Union von elf sozialistischen Sowjetrepubliken« ist. Die Verfassung erhebt das allgemeine Wahlrecht zum Gesetz und kodifiziert die Stellung der KPdSU/B als führende Komponente aller gesellschaftlichen und staatlichen Organisationen.

**27. 11.** Als einziges Mitglied des Völkerbundrates unterstützt die UdSSR das Ansuchen Spaniens auf Untersuchung der italienisch-deutschen Intervention zu Gunsten der Erhebung Francos gegen die legitime Regierung.

*1937*

**23. 1.** Prozeß gegen Pjatakow, Radek, Sokolnikow und weitere Angeklagte. Sie werden der »trotzkistischen, hochverräterischen Tätigkeit, der Sabotage und des Terrorismus« beschuldigt und zum Tode verurteilt.

**28. 4.** Der Rat der Volkskommissare beschließt die Vorbereitung des dritten Fünfjahresplanes.

**18. 6.** Die Besatzung des Flugzeugs »Land der Sowjets« (V. P. Tschkalow, G. F. Bajdukow, A. V. Beljakow) startet in Moskau zu einem Fernflug ohne Zwischenlandung über den Nordpol in die USA. Am 20. 6. Landung in Portland.

**Juni.** Führende Offiziere der sowjetischen Armee (M. N. Tuchatschewskij, I. E. Jakir, V. K. Putno u. a.) werden »der Spionage für faschistische Mächte und des Versuchs, die sowjetische Regierung zu stürzen«, schuldig befunden und am 11. 6. erschossen. (Nach dem Tode Stalins, 14.–25. 2. 1956 volle Rehabilitierung aller Angeklagten.)

**12. 7.** Nonstop-Flug Moskau – San Jacinto (Kalifornien). Die Besatzung des Flugzeugs: M. M. Gromow, A. B. Jumaschew, S. A. Danilin. Landung am 14. 7.

**21. 8.** Nichtangriffspakt zwischen der UdSSR und China.

**12. 12.** Erste Wahlen in den Obersten Sowjet der UdSSR auf Grund der neuen Verfassung. Von 91 Millionen Wahlberechtigten stimmen 90 Millionen für den Block der Kommunisten und Parteilosen (Wahlbeteiligung 96,8 %).

### 1938

**1. 1.** Dritter Fünfjahresplan: Gegenüber 1937 soll die Industrieproduktion um 92 % gesteigert werden. Dieser Plan wird durch den Krieg unterbrochen. Bis zum Jahr 1940 wächst die Industrieproduktion um 45 %. Geplante Investitionen: 192 Milliarden Rubel.

**12. 1.** Erste Sitzung des Obersten Sowjets der UdSSR. Zum Vorsitzenden des Präsidiums (er übt die Funktion des Staatsoberhauptes aus) wird M. I. Kalinin gewählt. Elf Ministerpräsidenten vertreten die elf Republiken.

**Januar** Die Plenarsitzung des Zentralkomitees der KPdSU/B behandelt »den Ausschluß von Mitgliedern der kommunistischen Partei und die Willkür gegenüber Kommunisten und Parteilosen«. Doch die vom Volkskommissar des Inneren Berija und seinem Apparat durchgeführten Repressalien steigern sich weiterhin.

**2. 3.** Beginn des Prozesses gegen Mitglieder des »Trotzkistischen Blocks« (M. I. Bucharin, A. M. Rykow, N. N. Krestinskij u. a.). Sie werden »der umstürzlerischen Tätigkeit, Spionage und des Terrorismus« beschuldigt.

**17. 3.** Die Regierung der UdSSR warnt Polen, daß sie im Falle einer polnischen Invasion in Litauen den Nichtangriffspakt aus dem Jahre 1932 kündigen wird.

**29. 7.** Japanische Truppen fallen beim Chassan-See in das Territorium der UdSSR ein. Sieg der UdSSR am 11. 8.

**27. 12.** Die Titel »Held der sozialistischen Arbeit« und »Held der UdSSR« werden eingeführt.

**28. 12.** Beschluß des Rats der Volkskommissare, des Zentralkomitees der KPdSU/B und des Allunionszentralkomitees der Gewerkschaften über die Verbesserung der Arbeitsdisziplin. Abwesenheit, vorzeitiges Verlassen des Arbeitsplatzes und Müßiggang während der Arbeitszeit werden als grobe Verstöße gegen Arbeitsdisziplin und Gesetz qualifiziert.

### 1939

**10. 3.** Eröffnung des XVIII. Kongresses der KPdSU/B. Er berät die Vorbereitungen für den dritten Fünfjahresplan und stellt die Aufgabe heraus, »die am meisten entwickelten kapitalischen Länder einzuholen und zu überholen«. Der Kongreß billigt die neuen Satzungen der Partei, schafft die Massensäuberungen innerhalb der Partei als unbegründet ab und betont die Verpflichtung zur geheimen Abstimmung bei Parteiverfahren.

**18. 3.** Protestnote der UdSSR gegen die nationalsozialistische Besetzung der Tschechoslowakei.

**25. 7.** Die Regierungen Frankreichs und Großbritanniens stimmen dem Vorschlag der Sowjetregierung zu, Militärmissionen zu Verhandlungen über einen Vertrag zur gegenseitigen Hilfeleistung mit der UdSSR zu entsenden. Der Vorschlag scheitert am Protest der Regierungen Polens und Rumäniens. Sie waren nicht bereit, der sowjetischen Armee den Durchmarsch durch ihr Territorium zu gestatten.

**23. 8.** In Moskau wird der deutsch-sowjetische Nichtangriffspakt unterzeichnet.

**1. 9.** Der Oberste Sowjet billigt das Gesetz über die allgemeine Wehrpflicht.

**17. 9.** Die Sowjetarmee rückt in die Westukraine und in Weißrußland ein.

**28. 9.** Unterzeichnung des Vertrages über die Grenzen zwischen der UdSSR und Deutschland.

**5. 10.** Unterzeichnung der Verträge über gegenseitige Hilfeleistung zwischen der UdSSR und Estland und Lettland.

**10. 10.** Unterzeichnung des Vertrages über gegenseitige Hilfeleistung zwischen der UdSSR und Litauen.

**31. 11.** Beginn des Krieges zwischen der UdSSR und Finnland.

### 1940

**5. 2.** Das englische und das französische Oberkommando schicken Finnland ein Expeditionskorps gegen die UdSSR zu Hilfe.

**12. 3.** Beendigung des sowjetisch-finnischen Krieges durch einen Vertrag über Grenzkorrekturen, den die UdSSR zuvor auf diplomatischem Wege erreichen wollte.

**18. 12.** Hitler unterschreibt die Weisung Nr. 21 für das Unternehmen »Barbarossa«, den Angriff auf die UdSSR.

### 1941

**6. 5.** J. V. Stalin wird zum Vorsitzenden des Rates der Volkskommissare ernannt. Damit werden in der UdSSR die höchste Funktion in der Partei und die höchste Funktion im Staat miteinander verbunden.

**22. 6.** Ohne Kriegserklärung greift Deutschland um 3.15 Uhr die UdSSR an. Vor den sowjetischen Grenzen stehen 190 Divisionen, über 3500 Panzer und 3900 Flugzeuge. Den Angriff unterstützen 12 rumänische Divisionen, 10 rumänische Brigaden und 18 finnische Divisionen. Am gleichen Tag erklärt Italien der UdSSR den Krieg und setzt im August 3 Divisionen an der Front ein.

# Die Entwicklung der sowjetischen Photographie

Die revolutionären Ereignisse des Jahres 1917, der folgende Bürgerkrieg und ausländische Interventionen drängen plötzlich die russische Photographie in eine neue Rolle hinein. Ihre bisherige Entwicklung wird unterbrochen, die Kontinuität völlig zunichte gemacht, die Gegenwart wird in die Zukunft gerückt. Während sich die übrige Welt noch an der Schönheit der Bromöldrucke, Gummidrucke, Öldrucke und an anderen malerischen Techniken begeistert, will die russische Photographie durch keine Methode die Malerei mehr nachahmen oder ersetzen; sie will nicht einmal mehr Kunst sein. Mit einem Schlag entzieht sich die russische Photographie den Einflüssen, die sie von ihrer spezifischen Mission abgelenkt haben, und findet in der dramatischen Zeit gesellschaftlicher Umwälzungen schnell die ihr ureigene Sprache: Die russische Photographie wird zum Mittel der Information und auch der Propaganda. Zu diesem Umschwung kommt es jedoch nicht zufällig; er ergibt sich aus dem dringenden Bedürfnis der Zeit. Denn wie anders als durch das allen verständliche, anschauliche und vor allem überzeugende Bild sollte man die durchweg analphabetischen Menschenmassen darüber informieren, was im Lande geschah? Wie anders sollte man auf ihr Bewußtsein, Denken, auf ihre Gefühle einwirken? So hat die russische Photographie im Jahre 1917 den Weg beschritten, der ihr schon immer die Hauptaufgabe vorgezeigt und ihr das charakteristische Gesicht gegeben hat.

Es ist ein Irrtum zu glauben, die Photographie als erste der mechanischen Künste der modernen Gesellschaft hätte in einem derart rückständigen Staat wie im vorrevolutionären Rußland keine Möglichkeiten der Entwicklung gehabt. Im Gegenteil. Schon von allem Anfang gedeiht die Photographie auf Bestellung. Und in vermögenden Familien wird eigentlich »die Lichtschrift« kurz nach 1886 Mode, als Zar Alexander III. einen Lehrer zu sich einlud, damit er seinen Kindern Nikolaj II. und Georgij diese neue »Unterhaltung« lehre. Es kommen auch aus anderen Ländern Photographen, die in Rußland Möglichkeiten für gewerbliche Unternehmen vermuten. Da bringt z. B. der Schotte William Carrick als einer der ersten soziale Motive ins photographische Bild, und der Deutsche Karl Bulla begründet hier die Bildberichterstattung. Die ersten hervorragenden Bildgestalter treten auf: Der Porträtist Sergej Lewickij, der Landschaftsphotograph Andrej Karelin und Maxim Dmitrijew, der sich durch seine Bilddokumente über das Jahr der Mißernte und des Hungers im Wolgagebiet 1891/92 unauslöschlich in die Geschichte von den Anfängen der sozialen Photographie eingeschrieben hat.

Und die Reportage? Ihre ersten Anzeichen kann man in den Siebzigerjahren des 19. Jahrhunderts erkennen; ausdrucksvoller, lebendiger wird sie durch den Russisch-Japanischen Krieg 1904–1905. Schon die Spannungen davor haben das lebhafte Interesse der Zeitschriften an Bilddokumenten geweckt. Im ganzen genommen war es jedoch eine schwerfällige, mit Spiegelkameras und zumeist mit Stativ aufgenommene Reportage, dazu noch von langweiligem, offiziellem Charakter. Sie preist Ruhm und Ehre des Zarenhofes; die Physiognomie des wirklichen Lebens interessiert die Reportage nicht. Dazu kommt es erst während des Ersten Weltkriegs, als sich die Ereignisse zuhause und in der Welt so überstürzen, daß das Leben gewissermaßen die Liste der Zensur über »Erlaubte Themen« überholt. Da erscheinen in den Zeitschriften »Niva«, Ogonjok« (»Kleines Feuer«), »Jiskra« (»Der Funken«) und Slunce Ruska« (»Die Sonne Rußlands«) Photographien, die zum ersten Mal die rauhe Wirklichkeit zeigen. Gerade hier, an den Fronten des Ersten Weltkriegs, auf den Seiten dieser Zeitschriften und in den Filmchroniken erleben sie ihre Feuertaufe als Reporter – die Autoren der späteren Photo- und Filmbilder von den revolutionären Ereignissen in Rußland, die Brüder Bulla, Alexandr Dorn, Petr Nowickij, Alexej Saweljew und andere jener, die man heute »Photographen des Oktober« nennt.

Das Jahr 1917 reißt alle in den Strudel seiner revolutionären Ereignisse; alle, die bleiben, die nicht verstummen, nicht das Land verlassen: Porträtisten, Landschafter, Militärphotographen, Amateure und professionelle Berichterstatter. »Mit dem Objektiv schreibt man sehr gut Geschichte. Sie ist klar und verständlich. Kein einziger Maler ist fähig, auf der Leinwand das einzufangen, was der Photoapparat sieht …«, sagt in dieser Zeit Wladimir Iljitsch Lenin. In der Kunst sieht er vor allem ein Mittel zur ideologischen Erziehung der Massen; am meisten schätzt er jene seiner Genossen, die verständlich, anschaulich, überzeugend und schnell den Zielen der politischen Agitation und Propaganda dienen können. Es ist daher kein Zufall, wenn Lenin kurz nach der Revolution in einem Gespräch mit dem Volkskommissar für Kultur, Lunatscharsky den Rat erteilt, der Photographie besondere Aufmerksamkeit zu widmen; sie würde die breite Öffentlichkeit regelmäßig über die laufenden Ereignisse informieren. Er meinte damit nicht eine rein protokollarische Registrierung der Fakten, sondern solche Bilder, die eine »bildhafte Publizistik wären«. So hat der Führer der Revolution selbst die spätere Entstehung und den Charakter der publizistischen Photographie, den Photojournalismus, als spezifisch visuelle Art der Zeitungsinformation antizipiert und ihm eine klar erzieherische und propagandistische Mission zuerkannt.

Doch es gibt bei Weitem nicht so viele Photographen, wie der junge sowjetische Staat braucht. Daher entsteht bereits im Dezember 1917 bei der Staatlichen Kommission für Volksbildung in Petersburg eine Kino-Photo-Abteilung, in der Vorträge über Photographie veranstaltet werden. Und schon im folgenden Jahr wird in Petersburg das »Hohe Institut der Fotografie« gegründet; hier – in der ersten derartigen Schule Europas – werden alle Arten der Photographie gelehrt. Im Herbst 1918 richtet die Regierung bei den Kino-Komitees in Petersburg und Moskau spezielle Abteilungen für Photoreportage ein, deren Aufgabe es ist, die zeitgenössischen politischen Ereignisse zu registrieren. In nicht ganz drei Jahren kommt hier eine Photothek von 15 000 Negativen zustande. Am 27. August 1919 unterschreibt Lenin ein Dekret, wonach photographische und kinematographische Industrie und Handel in die Verwaltung des Volkskommissariats für Kultur überführt werden. Dieses Datum kann man auch als offiziellen Anfang der sowjetischen Photographie ansehen.

Aber dieser Anfang ist nicht leicht. Es gibt weder Zeitungen, noch Zeitschriften, der Bilddruck existiert praktisch nicht. In diesem zerrütteten Land, unter diesen drückenden wirtschaftlichen Verhältnissen ist an die Herausgabe von Zeitschriften nicht einmal zu denken. Trotzdem verbreitet sich, informiert, agitiert die Photographie. Ähnlich wie Plakate und Grafiken erscheint auch sie in den Straßen. Es ist die Geburtsstunde der Bilderzeitung: Mit wöchentlicher Regelmäßigkeit werden in allen großen Städten sogenannte »Agit-Vitrinen« mit Photos der jüngsten Ereignisse aufgehängt. In der Regel sind es Bilder zu einem einzigen Thema, dazu kurze, aber prägnante agitatorische Parolen. Allein in Moskau werden an die sechzig, in Petersburg zwanzig solcher Vitrinen sofort angebracht. Aber es bleibt nicht bei den Vitrinen allein. Im ganzen Land setzen sich Agitations-Eisenbahnzüge und Agitationsschiffe, sogenannte »Agit-poezda« und »Agit-parochody« in Bewegung. Es werden Fotoalben herausgegeben und verteilt, Ausstellungen veranstaltet. Es entstehen Collagen und Montagen, literarische und bildnerische Applikationen mit reproduzierten Photos, und das schließlich auch farbig. Die neue Methode der Propaganda erhebt die Agitation zur Kunst. Ohne Photographie ist diese Agitation undenkbar; das bezeugen die drei für sie charakteristischen Forderungen: Parole, Farbe, Photographie. Wie man sich im sowjetischen Rußland über die Bedeutung der Photographie im klaren ist, beweist auch die Anordnung vom 11. Oktober 1918: »Alle professionellen Photographen, die Negative oder Kopien von Aufnahmen besitzen, die die am 27. Februar beginnenden revolutionären Ereignisse festhalten, sind verpflichtet, sie bis spätestens 25. Oktober im Gebiets-Kino-Komitee (Sergijewskaja Str. 20) registrieren zu lassen! Nichtbefolgung dieser Anordnung wird mit einer Geldstrafe bis zu 5000 Rubel geahndet.«

»Keine Art der Photographie hatte damals eine derartige Bedeutung wie die Bildnachricht. Die Landschafts- und Porträtphotographie ging beinahe ein. Die Tätigkeit der photographischen Gesellschaften war unterbrochen«, schreibt der sowjetische Historiker Sergej Morosow über diese Zeit. Und doch ist es gerade diese Epoche, die über den Aufschwung der russischen Photographie bis an den Gipfel der Entwicklung der Weltphotographie

entscheidet. Die Grundlagen der modernen Photographie sind schon gelegt. Es war das Werk des Deutschamerikaners Alfred Stieglitz und seiner Gruppe »Photo-Sezession« (New York 1902), das der photographischen Gestaltung den Weg von der dekorativen Funktion zur Funktion des Kennenlernens gewiesen hat. Da waren auch die Werke von Jacob Riis, Lewis Hine und anderer, die der Welt die Macht der Photographie als Kritiker und Richter vorgeführt haben. Aber sie alle waren einsame Gestalter der Photographie. Erst die Zwanzigerjahre krönen dieses Suchen nach dem spezifischen Weg der Photographie und schaffen ihr die Basis der Masse. Unter den Bedingungen des sowjetischen Rußland wird die Photographie zum mächtigen Instrument der Massenkommunikation. Im Unterschied zum modernen Photojournalismus in Deutschland – der sich eben erst herausgebildet und wie in Rußland seine Wurzeln im konfliktreichen Gärungsprozeß der Gesellschaft und in revolutionärer Spannung hat – ist der sowjetische Photojournalismus von allem Anfang an das Mittel einer programmierten, einheitlich gesteuerten und gezielt propagandistischen Einstellung.

»›Zerstört die Überlieferung! Photographiert die Dinge und Menschen, wie sie sind!‹ war der Tenor dieser neuen Bewegung. Hier trafen sich Ideen aus Ost und West, die auch bestimmend wurden für die kommende neue Photo-Reportage und damit für den neuen Photojournalismus ...«, schreibt Tim Gidal in seinem Buch »Deutschland – Beginn des modernen Photojournalismus«. Nach Gidal bedeutet der Erste Weltkrieg das Ende des bürgerlichen neunzehnten Jahrhunderts, den Verfall der bisher gültigen gesellschaftlichen und geistigen Werte. Die neue Welt entwickelt sich aus Unsicherheiten, aus Erkenntnis und Irrtümern, Hoffnung und Spott, aus Enttäuschung und Glauben, »in den Laboratorien eines entfesselten Golems der Wissenschaft und Technik, wo im Retten und Heilen ebenso schnelle Fortschritte gemacht wurden wie im Zerstören und Töten«. Und die Photographie wird – genau wie der Film – neben dem gedruckten Wort zum Künder neuer Massenbewegungen und neuer Ideale.

Die harten Jahre der Entbehrungen und Kämpfe, die Mühen des Alltags, Hoffnung und endlich das neu entstehende Leben wecken das quälende Gefühl der Notwendigkeit, für die nun anbrechende Epoche auch die Äquivalente, neue künstlerische Ausdrucksform zu finden. Die Revolution in der Gesellschaft verbindet sich mit der Revolution in der Kunst. Es ist bestimmt kein Zufall, daß jene neue Ausdrucksform der Zeit in den Bereichen ge-

funden wird, die mit der Technik eng verbunden sind: In der Architektur, in Film und Photographie und mit ihr gemeinsam in der Typographie. Die sowjetische konstruktivistische Architektur der Zwanziger- und Dreißigerjahre findet ihren Platz im Strom der Entwicklung der Weltarchitektur. Die Devise des Filmregisseurs D. Wertows, »žizň vrasploch«[1], in ganzer Breite und unvermutet einzufangen, am Kulminationspunkt der Ereignisse und Erscheinungen, trägt in erschließender Weise zur Entwicklung der eindrucksvollen Dokumentar-Kinematographie bei.

Und die Photographie? Es gibt noch viel revolutionär Romantisches und naiv Revolutionäres in der Überzeugung der »Lefs«[2]: Der Tod der Malerei – zumindest des Tafelbildes – sei unausweichlich. Voreilig war ihre Behauptung, photographisches Dokument und Photomontage wären die einzige Kunst, die fähig sei, die Größe der erlebten Epoche auszudrücken. Doch in der Betonung der Tatsache, im Hervorheben der drei grundlegenden Vorzüge der Photographie – Genauigkeit, Schnelligkeit und Billigkeit – können wir bis heute die Hauptvorteile der Photographie sehen. Vorteile, die vielfach ihre spezielle Wirkung und Mission bestimmen.

Ebenso wie der Film verlangt auch die Photographie eine Wertung nach anderen als den bisherigen Kriterien, die Theorie und Kritik der ästhetisierenden Urteile der traditionellen klassischen Kunst anboten. Denn es handelte sich um eine neue, mit Hilfe der Technik – d. h. mit Kamera, Chemie, Physik – gestaltete Kunst. Es war eine Kunst, die statt der bisherigen Statik die Dynamik und Bewegung in den Vordergrund stellte; statt des malerischen Charakters der Motive die Schönheit des rohen Zustands, die Wahrheit der Wirklichkeit; statt der Manieriertheit der Form und Nachahmung von Maltechniken die Schönheit des authentischen und unwiederholbaren Augenblicks. Es war an der Tagesordnung, daß kühne Pläne die nüchterne Wirklichkeit übertrafen und auf Unverständnis, ja, Feindseligkeit stießen, daß Gedankenflug und schöpferische Bemühungen totgeschwiegen wurden. Aber das änderte nichts an der Kraft der Strömung von Anschauung und Ausdruck.

Die sowjetische Photographie der Zwanziger- und anfangs der Dreißigerjahre formiert sich in zwei grundlegende, kraftvolle Strömungen: in die experimentell-gestaltende und in die reportagehafte Strömung. Die erstgenannte wird stark beein-

1 »žizň vrasploch«, »das Leben unerwartet«, d. h. nicht für den Photographen gestellt.
2 »Lefs«, Mitglieder der »Lef«, Abkürzung für »Linke Front der Kunst«. – Anm. d. Ü.

flußt von der russischen Avantgarde der Künstler, im gestaltenden Kontext vor allem repräsentiert durch Kasimir Malewitsch und Wladimir Tatlin. Es ist die Strömung einer Anschauung, die aber auch durch ihre inneren Konflikte den künstlerischen Bestrebungen des Dessauer Bauhauses nahesteht. Dort hat der Maler und Bildhauer László Moholy-Nagy die Photographie als Äußerung verstanden, die einen neuen Anblick der Realität zu zeigen ermöglicht; nicht nur der äußeren, materiellen, sondern auch der inneren, geistigen Realität. Künstlerisch drückt diese Strömung die Ideale der Revolution aus; durch Mittel allerdings, die weit über die Möglichkeit des Verstehens ihrer Zeit hinausgehen.

Die zweite Strömung, jene der Reportage, steht den praktischen Bedürfnissen des Tages viel näher. Sie ist genauso ehrgeizig. Auch sie will neu und auf ihre Weise auf die neue Zeit reagieren, auf ihren Bedarf an anschaulicher Information, Agitation und Propaganda. Das Wesen der Dokumentation dieser Strömung – die Handlungsdichte ihrer bildhaften Erzählweise – gerät aber in Kontrast zur bildnerischen Transformation, Komprimierung und formalen Konstruktion jedes künstlerischen Experimentators; und die sieht jene zweite Strömung schließlich als übergeordnetes Diktat an, als fremdartiges Element der ideellen Substanz der Mitteilung. In diesen Gegensätzen liegt der Grund zu erregten Diskussionen; aus ihnen kristallisiert sich an der Wende der Zwanziger- und Dreißigerjahre die gesellschaftliche Sendung der Journalistik und der Funktion der Kunst heraus, es ergeben sich neue Möglichkeiten der Kultur und Kulturpolitik. Und natürlich: Mit der sukzessiven Entwicklung der Drucktechnik der Zeitschriften wird die zweite Strömung – jene der Reportage – zum bestimmenden Faktor der Entwicklung der sowjetischen Photographie, wenn auch mit vielen absorbierten Elementen der experimental-bildnerischen Strömung.

Die bedeutendste Persönlichkeit der experimental-bildnerischen Strömung ist Alexandr Rodtschenko. Für die Photographie stellt er dar, was die blendende Erscheinung des Dichters Wladimír Majakowskij für die Literatur darstellt. Genauso wie er wird Rodtschenko gleichzeitig nachgeahmt und abgelehnt, gefeiert und verfolgt, anerkannt und nicht anerkannt; aber nicht respektieren kann man ihn nicht. Rodtschenko ist der ideelle Motor seiner Zeit, ihrer schöpferischen Bemühungen, denen er durch sein Werk Ausdruck verleiht, die er markant beeinflußt. Ursprünglich Maler, sympathisiert er vor allem mit der künstlerischen Konzeption Tatlins, für den – im Unterschied zu den

Ansichten Kasimir Malewitschs – der Hauptwert der Kunst ihr Nutzen ist. Doch auch Malewitsch übt durch seine dynamische Komposition einen starken Einfluß auf Rodtschenko aus. Wie die meisten seiner avantgardistischen Gefährten macht er sich in dieser Zeit Gedanken über die Mission der Kunst; er akzentuiert ihre gesellschaftliche Funktion und Brauchbarkeit in verschiedenen Lebensbereichen. Rodtschenko bekennt sich zum Konstruktivismus, der zur führenden Bewegung der Zwanzigerjahre wird, und das nicht nur in der bildenden Kunst, auch in der Literatur, im Theater, Film, in der Architektur und Photographie. Als Mitglied der konstruktivistischen Gruppe fordert Rodtschenko, die künstlerische Tätigkeit durch »intellektuelle« Herstellung, die Kunst durch »konstruktiven« Aufbau zu ersetzen. Der Künstler soll im Geiste des Manifestes der Konstruktivisten (1920) zum Techniker werden, der Werkzeuge und Materialien der modernen Fabrikation beherrscht. Wie seine Gesinnungsfreunde publiziert auch Rodtschenko seine Ansichten: In den Zeitschriften »Lef« (1923–25) und »Novyj Lef« (1927–28), Plattform der konstruktivistischen Bewegung, deren bildender Künstler Rodtschenko selber war. Hier bekennt er sich begeistert zur Photographie; zunächst verwendet er sie bei der experimentellen typographischen Ausstattung, schließlich photographiert er selbst und schreibt auch über Photographie.

Die Freundschaft mit El Lisický und ihre gemeinsame pädagogische Tätigkeit an den Staatlichen künstlerisch-technischen Hochschulwerkstätten »Vchutemas« in Moskau ermöglichen Rodtschenko die Sicht auf die experimentellen Strömungen in der Photographie Westeuropas, auf die Bestrebungen Moholy-Nagys, A. Renger-Patzschs, Man Rays u. a. Rodtschenko absorbiert diese Einflüsse und schmilzt sie in seine eigene, völlig individuelle Äußerung ein. Er zeigt bekannte, alltägliche Dinge und Vorgänge aus einem neuen, ungewöhnlichen Blickwinkel, im Detail, in der Untersicht, Diagonale; und das alles mit dem Ziel, die Dynamik seiner Zeit auszudrücken und das Wahrnehmungsvermögen des Beschauers zu bereichern. Nach dem Zusammenbruch der »Lef« im Jahre 1928 tritt Rodtschenko in die Photosektion der Künstlergruppe »Oktjabr« (Oktober«) ein; in ihr lebte noch die Rodtschenko so nahestehende Idee des Konstruktivismus. Mitglieder des »Oktjabr« waren auch Rodtschenkos Freunde Boris, Jelizaweta und Olga Ignatowitsch, Dmitrij Djebabow, Boris Kudojarow, Eleazar Langman, Arkadij Schischkin, Abram Schterenberg u. a. Die Tätig-

keit dieser Gruppe wird jedoch von Anfang an wegen ungenügenden politischen Inhalts, Orientierung nach westlicher Ästhetik und Formalismus kritisiert. Im Jahre 1931 wird Rodtschenko wegen »Propagierung des Geschmacks eines fernen Proletariats« und wegen «des Versuches, die proletarische Kunst auf den Weg der westlichen Reklame, des Formalismus und Ästhetizismus zu verleiten« aus dem »Oktjabr« ausgeschlossen. Dieses Unrecht schmerzt Rodtschenko; doch er hört nicht auf, für seine Art der Aussage zu kämpfen. »Wir sind verpflichtet, zu experimentieren«, schreibt er im Jahre 1928. »Fakten zu photographieren ist, genau wie sie zu beschreiben, nichts Neues; ein photographiertes Faktum kann ja durch ein Bild ersetzt werden und ein beschriebenes Faktum durch einen Roman . . . Darin, daß wir anfingen, statt der Generäle Arbeiterführer in der gleichen Art zu photographieren wie unter dem alten Regime . . . ist nichts Revolutionäres . . . Was photographieren, weiß man in jedem Zirkel; wie aber photographieren, das wissen nur wenige . . . Kurz gesagt, wir müssen suchen; suchen und finden wir die neue Ästhetik, Begeisterung und Pathos für die photographische Äußerung unserer neuen sozialistischen Wirklichkeit . . .«

»Was photographieren«, »wie« und »warum« – das sind die untrennbaren Leitmotive der Gestaltung Rodtschenkos. Und das in einer Zeit, da er sich nach einer Woge der Kritik, der Verleumdung und häufig auch des Hohngelächters der Reportage zuwendet. Auch hier bleibt er ein Novator, der Sucher einer neuen »Reportage-Sprache«.

Die Mitte der Zwanzigerjahre bildet die Scheitellinie, an der sich in der sowjetischen Photographie jene Tendenz herauszubilden beginnt, die das photographische Bild bewußt an die Seite der geschriebenen Journalistik stellt; da die Photographie zum neuen, visuellen Ausdrucksmittel der Presse wird. Bis zu diesem Zeitpunkt fungiert die Photographie als Bildnachricht; mit der Entstehung der ersten illustrierten Zeitschrift erhält sie eine neue Rolle, es werden höhere Ansprüche gestellt. Im Jahre 1923 erscheint die Wochenzeitung »Ogonjok«, 1926 folgen die Fachzeitschriften »Sowjetskoje foto« und »Fotograf«; die Bildagentur »Sojusfoto« beginnt zu arbeiten. Im Jahre 1930 entsteht dann – auf Grund der unmittelbaren Initiative von Maxim Gorki, der schon vorher der Photographie durch Artikel in der Zeitschrift »Naši dostiženija« große Aufmerksamkeit geschenkt hat – die illustrierte Zeitschrift »Die UdSSR im Bau«; sie erscheint in Fremdsprachen für das Ausland.

Am schwierigsten ist es zu dieser Zeit, die bisherige statische Auffassung der Photographie – und nicht nur der Photographie – zu überwinden. Daher werden in Moskau in den Jahren 1925–28 vier Ausstellungen der bildenden Kunst mit dem bezeichnenden Namen »Die Kunst der Bewegung« veranstaltet. Neben kinetischen Kombinationen und beweglichen Mobiles beteiligt sich in entscheidendem Maße die Photographie. Einer der Organisatoren, der Kunstwissenschaftler A. A. Sidorow, schreibt: »In den letzten Jahren tritt in den Arbeiten der Künstler des Pinsels, der Feder, des Bleistifts und des Objektivs immer deutlicher die Aufgabe in den Vordergrund, Bewegung auszudrükken ... Soll die Kunst unserer Tage mit der Epoche im Gleichklang stehen, muß sie dynamisch sein. Für die Photographie wird das Problem der Bewegung auch noch von einer anderen Seite her zum aktuellen Problem – beispielsweise in der Photoreportage. Die Dynamik des ›ganz unvermittelt‹ eingefangenen Lebens – am Kulminationspunkt seiner unaufhörlichen Wandlungen und auch mit seiner inneren Schwingung – wird zur Grundforderung der journalistischen Photographie. Es geht schon nicht mehr um die reine Information; die Photographie wirkt schon nicht mehr nur durch ihre Authenzität als Dokument der Zeit. Die Photographie wird zur subjektiven Stellungnahme des Autors erhoben; sie bekommt einen emotionalen Beigeschmack durch sein Denken, seine Gefühle, Ansichten, durch den Komplex moralischer und anderer Eigenschaften, durch die ganze Qualität der Persönlichkeit des Autors. Der Photograph erkennt, beurteilt und registriert nicht nur die Wirklichkeit, sondern er interpretiert, bewertet, ja, er hält sogar über sie Gericht.«

Die Entwicklung der Photographie wird aber stets in beträchtlichem Maße auch von der Entwicklung der Technik bestimmt. So werden im sowjetischen Rußland – ebenso wie in Deutschland – Entstehung und Entwicklung des Photojournalismus von technischen Bedingungen determiniert. Im Jahre 1923 kommt die kleine, leicht bedienbare und hinreichend lichtstarke Kamera »Ermanox« heraus, unmittelbar darauf Barnacks »Leica«. Der sowjetischen Öffentlichkeit wird die »Leica« im Mai 1927 durch die Zeitschrift »Sowjetskoje foto« offiziell vorgestellt. Erster Propagator der »Leica« wird jener Mensch, der auf alles Neue begierig ist, Alexandr Rodtschenko. Schon im Juni 1928 veröffentlicht »der Dichter der Revolution« Wladimír Majakowskij in der Zeitschrift »Novij Lef« eine Serie von Photographien Rodtschenkos, unter denen »photographiert mit der Kamera Leica auf Kino-Film« steht.

In dieser Zeit kommt es in der UdSSR zu großen Veränderungen. Lenin ist schon vier Jahre tot, als Stalin im Jahre 1928 den ersten Fünfjahresplan mit der Vorstellung proklamiert, daß sich Sowjetrußland im Laufe von drei derartigen Fünfjahresplänen aus einem Agrarland mit ungeheurem, doch ungenütztem natürlichen Reichtum in ein industrialisiertes Land verwandeln wird, ökonomisch autark und absolut unabhängig von der übrigen Welt. Es beginnt die Ära der schnellen Kollektivierung der Landwirtschaft, der Industrialisierung, des Aufbaus der Schwerindustrie, der Nutzung der Energiequellen. In dieser frühen Zeit des Aufbaus werden aber auch die technischen Errungenschaften der übrigen Welt genützt. Auch die Leichtindustrie lebt auf; im Jahre 1929 beginnt die Eigenproduktion von Photokameras. Die Plattenapparate genügen aber nicht den neuen Ansprüchen; so reift der Entschluß, »sowjetische Leicas« zu produzieren. Die ersten drei Kameras, genannt FED, sind am 26. Oktober 1932 fertig. Ihre Bezeichnung wird aus den Initialen des Namens Felix Edmundowitsch Dzerschinskij gebildet, Gründer der sowjetischen Geheimpolizei. Nach ihm wurde die Kommune der heimatlosen Jugend benannt (Kinderarbeitskommune F. E. Dzerschinskij), deren Aufgabe es war, diese Kameras herzustellen. »Die sowjetische Leica« FED wurde bald zur meistverwendeten Kamera.

Die gigantischen Veränderungen des Landes auf ökonomischem und gesellschaftlichem Gebiet brachten ihre Photographen hervor: Jene, die durch ihr Bild erzählen, und die Reporter. Während aber in den ersten Jahren der sowjetischen Macht das Leben selbst täglich dramatische Sujets produziert, die Photographen auf sie spontan, mit erregter, persönlicher Anteilnahme reagieren, oft überrascht und bewundernd expressive Bilder mit stark psychologischer Charakteristik schaffen, ist es im späteren Zeitabschnitt anders. Als Komponente, die jedes Geschehen im Staat und im Land steuert, konkretisiert die kommunistische Partei ihre Forderungen an die Kunst; sie besteht auf ihrer Parteilichkeit und didaktischen Aufgabe in der Gesellschaft. Unter diesem gleichschaltenden Einfluß tritt die Expressivität des Ausdrucks in den Hintergrund.

Die Photographen bereiten ihre Aufnahmen vor, sie stilisieren, beginnen nach einem Szenarium zu arbeiten. Sie photographieren nicht mehr alles, was packt, begeistert, überrascht; sie erfüllen von vornherein die abgesteckten Aufgaben. Thema! Das Thema ist der hauptsächliche, elementare und entscheidende Bestandteil des schöpferischen Prozes-

ses. Und das gilt nicht nur in der Photographie, sondern für die Kunst überhaupt. Die Photographen stellen propagandistisch das Aufbauprogramm sicher, das vom Ende der Zwanzigerjahre an zum zentralen Interesse der Journalistik wird – und daher auch der journalistischen Photographie. Ihre mobilisierende Mission führt die Photographen zu entfernten Bauten, sie fahren auf exotische Expeditionen, sie beteiligen sich ununterbrochen an jedem einheimischen Geschehen. Doch nicht nur deshalb, um Beweise mitzubringen; die Photographen schaffen ein modernes, bildhaft hymnisches Epos, das den Arbeitseifer feiert und zur Nachahmung auffordert.

Der traditionell russische Hang zu epischer Breite zeigt sich auch hier in der Neigung zu einem umfassenderen Ganzen. Es entstehen die »Fototscherki«[3], die bis zu einigen Dutzend Aufnahmen umfassen. Den Aufschwung dieser »Fototscherki« unterstützen Zeitschriften, die in ihnen das Hauptausdrucksmittel sehen. In der Zeitschrift »SSSR na strojke« (»Die UdSSR im Bau«) steht z. B. gleich im einleitenden Aufsatz der ersten Nummer des Jahres 1930: »Die Photographie muß dem Aufbau des Landes keineswegs zufällig, unsystematisch, sondern unaufhörlich und programmgemäß dienen ... Die Zeitschrift ›SSSR na strojke‹ macht sich zur Aufgabe, die Dynamik unseres Aufbaus systematisch mittels der Photographie zu illustrieren.« Daß die Zeitschrift diese programmatische Ankündigung ernst nahm, beweisen monothematische Nummern, die unmittelbar darauf erscheinen. Dem einheimischen und ausländischen Leser stellen sie der Reihe nach den Bau des riesigen Wasserkraftwerkes am Dnjepr, den Bau der Eisenbahn-Hauptverkehrslinie »Turksib«, der Stahlwerke »Magnitostroj« u. ä. vor. Die Autoren der »Fototscherki« zeichnen aber nicht nur das Emporwachsen großer Industriebetriebe auf; sie sind bestrebt, auch das neue Leben des sowjetischen Menschen darzustellen. Eine der ersten umfassenden »Fototscherki« dieses Typs ist die heute schon historische Photo-Serie »24 Stunden der Familie Filippow«, die vom Alltag einer Moskauer Familie erzählt. Diese Bildgeschichte, tatsächlich à la thèse geschaffen, hat zu ihrer Zeit eine propagandistische Hauptrolle auch im Ausland gespielt.

Die Dreißigerjahre öffnen die Fenster zur Welt. Die UdSSR konzentriert sich nicht mehr nur auf die Industrialisierung und Kollektivierung des Landes; die UdSSR erweitert ihre diplomatischen Beziehungen, sie schließt Kulturabkommen ab,

3  »Fototscherki« sind kleine, in photographischen Aufnahmen erzählte Geschichten.

beginnt die Zusammenarbeit mit dem Ausland. Sowjetische Photographen stellen in London, Wien, Prag, Paris, Berlin aus. Ebenso wie die ganze sowjetische Wirklichkeit – erst durch Theater, Film und Literatur vermittelt – weckt auch die Photographie Interesse, ruft Diskussionen hervor. Sie kommt mit dem Programm des photographischen Bildes, das neue stilistische und kompositorische Methoden mit akutem Inhalt füllt – mit dem Aufbau eines neuen Lebens des Landes und des Menschen. In seinem bereits erwähnten Buch »Deutschland – Beginn des modernen Photojournalismus« sagt Tim Gidal, die Photographie in der UdSSR sei zu einem didaktisch ausgerichteten Mittel der Agitation geworden. Nun, die sowjetische Photographie hat tatsächlich als erste ihre propagandistischen Möglichkeiten erkundet; sie wurde nicht nur zu einem hervorragenden Mittel der modernen Kommunikation, sondern auch zu einem wichtigen Instrument der Einwirkung auf die öffentliche Meinung. Die sowjetische Photojournalistik hat schließlich auch nichts anderes angestrebt, und dazu hatte sie zweifellos wichtige Gründe; wir können sie in der »Prawda« (»Die Wahrheit«) vom 24. Oktober 1931 lesen: »... bei richtiger Anwendung ist die Photographie in der Presse das stärkste Instrument der Agitation und Propaganda. Anschaulichkeit und Überzeugungskraft des konkreten photographischen Bildes ergeben im Verein mit der ›entsprechenden Beschreibung‹ der Presse ein Mittel zur Mobilisierung und Organisation der Massen.«

Die Dreißigerjahre verlaufen aber nicht nur im Zeichen der allgemeinen Aktivität im In- und Ausland; es machen sich starke regressive Einflüsse bemerkbar. Mit ihnen erhebt sich eine Welle der Kritik an Literatur und Kunst. Man tritt nicht nur gegen Formalismus, Ästhetizismus und Ideenlosigkeit auf, auch gegen die traditionellen Genres. Konkret in der Photographie gegen Landschaft und Porträt, die schon »nicht mehr der Zeit entsprechen«, ein »bourgeoises Überbleibsel«, »Produkt des Bürgertums« sind. Zur Unterstützung dieser Stimmen bildet sich im Jahre 1931 die »Skupina moskevských fotografů Rossijskoje objedněnije proletarskich fotografov« (ROPF – »Moskauer russische Gesellschaft proletarischer Photographen«), die unmittelbar darauf mit einer demagogischen Deklaration hervortritt. Ihre Mitglieder sind die Reporter Max Alpert, Jakow Chaplip, Semjon Fridljand, Arkadij Schajchet u. a., die mehr oder weniger initiativ vor allem gegen die Manie des Suchens neuer Formen durch Mitglieder der Photosektion der Gruppe »Oktjabr« auftreten. Sie knüpfen eigentlich an die früheren Diskussionen zwischen den »Lefs« an; Diskussionen, in denen die Gestalt der modernen Photographie klar wurde. Aber die unterschiedliche Orientierung der beiden Hauptströmungen stellt die Vorstellung, wie die sowjetische Photographie sein sollte, unvermittelt vor schroffe Gegensätze. Die erregten Diskussionen, Anfeindungen, die Unruhe an der Kulturfront werden von der am 23. April 1932 angenommenen Resolution des Zentralausschusses der KPdSU/B »über den Umbau der Kunst- und Literaturorganisationen« unterbrochen. Diese Resolution ist ein grundlegender Eingriff in die Entwicklung der sowjetischen Kultur. Mit sofortiger Wirkung werden alle bestehenden Organisationen liquidiert. Schriftsteller, »die die sowjetische Macht unterstützen und bestrebt sind, sich dem Aufbau des Sozialismus anzuschließen«, können sich gemäß der Resolution künftig in dem einzigen Verband sowjetischer Schriftsteller zusammenschließen. Ähnlich ist es in den anderen Bereichen der Kultur. Der Zwiespalt der Meinungen und die schöpferische Heterogenität werden dann mit definitiver Gültigkeit vom I. Kongreß der sowjetischen Schriftsteller im Sommer 1934 gleichgeschaltet. Der Kongreß erklärt den sozialistischen Realismus zur schöpferischen Methode der sowjetischen Literatur und Kunst. Schriftstellern und Künstlern wird direkt zur Aufgabe gemacht, durch diese Methode das Leben wahrheitsgetreu darzustellen, wobei Wahrhaftigkeit und historische Konkretheit den Bedürfnissen der Erziehung der Massen im Geiste des Sozialismus entsprechen müssen.

Im Bereich der Photographie enden die Diskussionen auch jetzt nicht; sie ändern nur ihre äußere Form. Davon können wir uns noch im Jahre 1936 überzeugen: Die sowjetische Zeitschrift »Sowjetskoje foto« veröffentlicht in der Doppelnummer 5/6 umfangreiche Protokolle der Diskussion im Moskauer »Haus des Films«, die sich sechs Abende lang den Problemen des Formalismus und Naturalismus gewidmet hat. Die Gespräche knüpfen an die Aktivität der anderen Kunstverbände an; sie wurde durch Artikel hervorgerufen, die im Laufe des Jahres in der Tageszeitung »Prawda« erschienen, z. B. »Sumbur vmesto muzyki« (»Wirrwarr statt Musik«) in Nr. 27 und »Baletnaja falš« (»Ballett-Heuchelei«) in Nr. 35. Diese Artikel befassen sich mit formalistischen Anachronismen in der sowjetischen Musik, sie kritisieren besonders den Komponisten Dmitrij Schostakowitsch; sie sind aber auch auf die Photographie gemünzt, von der man ebenso fordert, daß sie sich um ihren nationalen Charakter und einen realistischen, dem Volk verständlichen Inhalt bemühen solle.

Die erhöhte Betonung der konkreten gesellschaftlichen Funktion der Photographie und neue publizistische Möglichkeiten in Zeitschriften veranlassen auch Photographen, die keine Reporter sind, sich der Reportage zuzuwenden. Für Zeitschriften beginnen sukzessiv nicht nur die vorher aus der sowjetischen Photographie »verjagten« Landschaftsphotographen und Porträtisten Jurij Jermolin, Nikolaj Petrow u. a. zu arbeiten, sondern auch die kritisierten Experimentatoren. Selbst Alexandr Rodtschenko fährt zum Bau des Weißmeer-Ostsee-Kanals. P. A. Bljachin, Vorsitzender des Zentralausschusses des Verbandes der Angestellten in Film und Photographie, sagt sogar von Rodtschenko in der erwähnten Diskussion: »... dieser Meister war der Führer des Formalismus in der Photographie; er ging einen langen und schweren Weg der Umwandlung und hat jetzt seinen richtigen Platz gefunden.« Umfangreiche Reportageserien publizieren auch Dmitrij Djebabow, Boris Iganatowisch u. a. Auf den Wegen der Reportagephotographie treffen sie sich schließlich mit jenen, die sich der Reportage von Anfang an gewidmet haben. Und so geschieht es, daß zur ausdrucksvollen Skala des Photojournalismus wirkungsvolle formale Konstruktionen hinzukommen, die die photographierte Wirklichkeit herausstellen, eindrucksvoller machen, neu präsentieren sollen. Die kritisierte Diagonalkomposition – für die sich im sowjetischen Rußland die Bezeichnung »dynamische Diagonale« eingebürgert hat – steile Untersichten und Aufsichten, großes Detail, Struktur, Textur, Factur der Objekte finden wir auch auf den Photographien von A. Schajchet, M. Alpert. S. Fridljand, I. Schagin, G. Petrusow, G. Zelma u. a. Es ist gleichzeitig logisch und paradox, daß sich die beiden starken Ströme der Meinungen in der Ära der stürmischen Diskussionen und Kritiken schließlich zu einem einzigen photojournalistischen Strom formen, der bis heute der sowjetischen Photographie die Richtung weist.

Was also war die sowjetische Photographie zwischen den Kriegen? Wie hat sie sich geformt, worum sich bemüht, wodurch zur allgemeinen Entwicklung beigetragen – ja, hat sie überhaupt durch etwas beigetragen? Diese Fragen beantwortet vorläufig keine Geschichte der sowjetischen Photographie; sie kennt nur einige wenige Namen, und von denen spricht sie am häufigsten nur den größten aus: Alexandr Rodtschenko.

Eines ist jedoch sicher: Über den Charakter der sowjetischen Photographie wurde schon am Anfang entschieden – im Laufe des gesellschaftlichen Dramas der Revolution und des Bürgerkrieges. Bereits in dieser Zeit wird der Photographie in Rußland die klar formulierte Aufgabe gestellt: informieren, erklären, agitieren. Und so findet sie früher als anderswo in der Welt ihre Eigenart, die von den traditionellen Disziplinen der Kunst unabhängig ist. Und, wichtiges Kriterium: Diese ihre einzigartige Fähigkeit, ein selbständiges Ausdrucksmittel zu sein, bestätigt die Photographie in der täglichen Praxis.

Es kommt zu einem interessanten Paradoxon: Im revolutionären Rußland wird die Photographie zu einem Massenmedium ohne Presse. Die Photographie wird verteilt, angeschlagen; sie dient als anschaulicher Beleg, als Argument, Aufforderung – und dient sich selbst. Und da sie schließlich in der Mitte der Zwanzigerjahre ihren natürlichen Platz und die Tribüne in Zeitungen und Zeitschriften gefunden hat, wird sie ohne Bedenken der ebenbürtige Partner des gedruckten Wortes. Sie wandelt sich von der Bildnachricht zur Bildjournalistik. Sie erfühlt so tief und ist derart engagiert, daß schließlich aus ihr in der benachbarten Welt der moderne Photojournalismus entsteht. Jedoch mit einem grundsätzlichen Unterschied: Im sowjetischen Rußland wird die Photographie von allem Anfang an zentral und programmäßig zur Erfüllung einer konkreten gesellschaftlichen Funktion geführt. Und das ist ihr individueller Anteil am modernen Photojournalismus.

Und noch etwas: In einer Zeit, da auf der ganzen Welt das soziale Anliegen zur Fanfare der Rechtlosen, Erniedrigten und Unterdrückten wird, da die soziale Reportage zum Gewissen der Mächtigen zu sprechen beginnt und mit ihrem harten, kritischen Charakter versucht, wenigstens das Unrecht zu heilen und die Gesellschaftsordnung zu verbessern, sieht die von der sowjetischen Photographie abgebildete Realität anders aus. Auch sie erweist sich als menschlich verwundet, vergrämt, hungrig, barfüßig. Doch in ihrer Summe ist sie gleichzeitig auch glücklich und schaut gespannt in die Zukunft. Diese Realität entäußert sich des Gefühls der Ausweglosigkeit, verwirft die Hoffnungslosigkeit. Sie vertraut sich selbst, glaubt an die eigenen Kräfte und Fähigkeiten und ist tief überzeugt, daß sie ihre historische Chance nicht verspielen darf. So wird das soziale Bekenntnis der sowjetischen Photographie zur Bildchronik der modernen Geschichte des Landes. In dieser Chronik spiegelt sich alles: Der Rausch der Revolution, Haß, Entschlossenheit, Naivität und Romantik der Zeit, eine still begeisterte Aufbauarbeit, das Suchen nach dem Sinn des Lebens und das Ermüden durch seinen überstürzten und ständigen Wandel. Diese Bildchronik ist auch ein unbarmherziger Spiegel, der aus zeitlichem Abstand die Ziele vergleicht, die Möglichkeiten – und die Mittel, sie zu erreichen. Die Bildchronik ist der geniale Historiker einer konfliktreichen gesellschaftlichen Entwicklung.

Das ist die sowjetische Photographie zwischen den Kriegen: Experimentierfreudig, begeistert, verzaubert durch die Neuheit und Dynamik des Lebens; durch die einzigartige historische Gelegenheit, auch Kunst zu sein, drückt sie auch durch formale Mittel die Ideen der Zeit aus. Diese Photographie kommt mit einer neuen ästhetischen Konzeption, erzeugt von den Themen des täglichen Alltagslebens, in dem das persönliche Interesse der Photographen Schönheit, Erregung, das Drama entdeckt. Es kommen Jahre des Suchens, der Kämpfe, der Verwirrung, des Nichtverstehens und der Irrtümer, bis sie sich schließlich zum mächtigen Strom des Photojournalismus formt, in dem sie ihre elementare Bestimmung zu Information und Propaganda am besten erfüllt. Reportage ist daher der bestimmende Zug der sowjetischen Photographie. Und es ist der Photojournalismus, in dem sich alle gesellschaftlichen Veränderungen reflektieren. Während im Laufe der Zwanzigerjahre die Photographie im sowjetischen Rußland alles entdeckt, was im Lande geschieht, werden ihr Charakter und Stil schon am Anfang des folgenden Jahrzehnts von a priori festgelegten Thesen geformt, bis ihr Streben schließlich in verherrlichenden und heroischen Epen gipfelt. Sie nehmen in Koinzidenz Bilder entfernter, zukünftiger Jahre vorweg.

Die Photographie in der Sowjetunion der zweiten Hälfte der Dreißigerjahre erklärt nicht mehr, informiert nicht; sie organisiert mehr, als daß sie agitiert und mobilisiert. Die Photographen – und nicht nur sie – schaffen Bildsymbole der neuen Lebenswerte. Sie materialisieren und konkretisieren abstrakte, in die Zukunft weisende Gedanken. Sie unterscheiden sich nicht sehr von den Informationsmedien und von der Kunst; so erhält die journalistische Photographie in der UdSSR eine neue, eigentlich für sie ungewohnte Funktion, sie wird als Kunst verstanden. Das ist übrigens logisch. Es wird jene Rolle erfüllt, die Lenin selbst am Anfang der Revolution der Photographie und dem Film zugesprochen hat. Die Kunst der Agitation – dieser erregende Gedanke der Künstler-Experimentatoren, der Revolutionäre des Ausdrucks, die von Anfang an ein neues, überzeugendes Bild des Lebens suchen – stellt nach und nach einen Kanon auf. Er zeigt, ja, eigentlich gebietet er, wie der Mensch aussehen soll. Wie er arbeiten, denken, leben soll, um ein echtes und gültiges Mitglied der sozialistischen Gesellschaft zu sein.

Schemata und Klischees? Ja, das sind die Konsequenzen einer ungleichmäßigen Entwicklung der Gesellschaft. Die Spuren der Einwirkungen von innerem und äußerem Druck, von Eingriffen. Doch ebenso, wie sich vorher die Photographie am gegebenen Thema entwickelt, so gewinnen auch die vergegenwärtigten Bilder vom Menschen der Zukunft mit dem Abstand der Zeit neue und ungeahnte Werte. Diese Bilder sind einzigartige, tief ernste, vielleicht auch naive, doch unschätzbar wertvolle Dokumente der Zeit.

Die Katastrophe des Krieges, die am 22. Juni 1941 hereinbricht, schlägt für die sowjetische Photographie ein neues Kapitel auf. Ein qualvolles, grausames, ein erschütternd trauriges und menschlich heldenhaftes Kapitel. Photographisch überaus wertvoll. Der Zweite Weltkrieg ist in gewisser Hinsicht auch die Renaissance der Photographie. Wiederum, so wie in der bewegten Zeit der Revolution, zeigt sich vor dem Photographen die Wirklichkeit derart dramatisch, daß sie ihn zur spontanen und persönlich engagierten Äußerung hinreißt. Die Photographie kehrt zu ihrer Dynamik, Vitalität, Begeisterung, zur subjektiven Transformation zurück. Ähnlich wie in den Zwanziger- und anfangs der Dreißigerjahre informiert die Photographie. Sie reißt durch ihre ehrliche Aussage mit, sie erzieht und agitiert.

Prag im Februar 1981          Daniela Mrásková
                              Vladimir Remeš

# I. »Sammelt Geschichte!«

Iwan Kobosew, Petr Ocup, Petr Novickij, Karl, Alexandr und Viktor Bullow, Jakow Schtejnberg, Alexej Saweljew, Lew Leonidow, Grigorij Goldschtejn, Alexandr Dorn ... man nennt sie die »Photographen des Oktober«. Es waren Porträtisten, Atelierphotographen, Kriegsberichterstatter, Kameramänner, Autodidakten, Amateure, Professionelle. Sie sammelten Bilddokumente über die revolutionären Ereignisse des Jahre 1917 und legten so den Grundstock zu einer Bildgeschichte der Sowjetunion. Sie alle wurden – ohne Rücksicht auf ihr Spezialgebiet – zunächst durch den Ersten Weltkrieg, dann durch Revolution und Bürgerkrieg in den Strudel der Ereignisse gezogen. Alle waren durch ihre Apparat-Ausstattung, durch Gewohnheiten und Geschmack ihrer Zeit an die statische Photographie gebunden. Und doch haben ihre Arbeiten die unwiederholbare Atmosphäre authentisch eingefangener Augenblicke, der Dynamik der Zeit und ihres konfliktreichen Charakters. Diese Arbeiten entstanden als Notiz und Information von einem Tag auf den anderen. Aber die Zeiten waren bewegt, voller Veränderungen, und so hat jedes Bild eines folgenden Ereignisses das vorhergehende Bild in den Hintergrund gedrängt. Damals hat nicht jeder die Notwendigkeit vorausgesehen, alle diese Bilddokumente für kommende Zeiten aufzubewahren. »Sammelt Geschichte!«, rief 1923 Wladimir Majakowskij im Titel seines Artikels. Der Dichter war sich des historischen Wertes der Bilder von Ereignissen bewußt, die er miterlebte. In dem Artikel forderte er die Öffentlichkeit auf, diese Schätze für die Nachkommen zu bewahren. Majakowskij drängte, vor allem Photographien zu sammeln. Er war nicht allein; und so blieb immerhin ein Teil der Geschichte, geschrieben mit dem Objektiv des Photoapparates, bildlich erhalten.

1. KARL BULLA: Vor dem Annen-Palais in Petersburg werden am 27. 2. 1917 zaristische Symbole verbrannt.

*Im Verlauf des Ersten Weltkriegs erlitt die zaristische Armee eine Reihe schwerer militärischer Niederlagen. Die darauffolgende Zerrüttung der Wirtschaft führte zu einer revolutionären Situation, die im Februar 1917 ihren Höhepunkt erreichte. Nach dem Sturz der zaristischen Macht am 27. 2. 1917 entstand die Doppelherrschaft aus Provisorischer Regierung und Regierung der Sowjets (Räte).*

2. VIKTOR BULLA: Blutiges Ende der Arbeiterdemonstration Petersburg, 4. 7. 1917.
*Im Juli 1917 wurden Arbeiterdemonstrationen von der Provisorischen Regierung militärisch*
*unterdrückt. Die Doppelherrschaft endete, die Sowjets gingen in die Illegalität und konzentrier-*
*ten sich auf die Vorbereitung einer bewaffneten Erhebung.*

3. IWAN KOBOZEW: Sturm auf das Winterpalais, Petersburg, 26. 10. 1917 (nach dem neuen Kalender 9. 11. 1917).

*Die Oktoberrevolution, die die Regierung der Sowjets inthronisierte, begann in Petersburg am 24. 10. 1917 (7. 11. 1917). Das Photo vom entscheidenden Angriff auf das Winterpalais wurde lange für einen Filmausschnitt aus Eisensteins Spielfilm »Oktjabr« (»Oktober«) gehalten. Nach den Erinnerungen des Photographen, 1971 vom Historiker L. Volkov-Lannit publiziert, entstand das Bild tatsächlich am Morgen des 26. Oktober. Volkov-Lannit hat zudem nachgewiesen, daß dieses Photo bereits 1922 publiziert wurde, während Eisensteins Film erst anläßlich des zehnten Jahrestages der Revolution 1927 entstanden ist.*

4. K. Kubesch: Studierzimmer des Zaren Alexander II. nach dem Sturm auf das Winterpalais,
Petersburg, 26. 10. 1917 (9. 11. 1917).

5. K. KUBESCH: Abteilungen von Junkern in den Sälen des Winterpalais vor seiner Erstürmung,
Oktober 1917.
*Junker, junge Soldaten adeliger Herkunft, waren in den kritischen Tagen des Oktober 1917 im
Winterpalais zu seiner Verteidigung eingesetzt.*

6. Grigorij Goldschtejn: Wachabteilungen der Roten Armee in Moskau schützen revolutionäre Einrichtungen.

7. Alexander Dorn: Der Soldat der Roten Armee I. Rasnjanskij auf Wache vor dem Bolschoitheater, Moskau, Juli 1918.

8. Grigorij Goldschtejn: Truppenparade auf dem Roten Platz, Moskau, 25. 5. 1918.

12. ALEXANDER SAWELJEW: Subotnik im Kremlhof, Moskau, 1. Mai 1920.
*Subotniks waren freiwillige samstägige Arbeitsbrigaden. Sie entstanden während des Bürger-*
*krieges. Lenin bei der Arbeit in seiner Freizeit mit einer Moskauer Brigade.*

13. ALEXANDER SAWELJEW: Der Swerdlow-Platz in Moskau, 1. 5. 1920.
*W. I. Lenin legt auf dem ehemaligen Theaterplatz in Moskau den Grundstein für das Karl-Marx-Denkmal.*

14. ALEXANDR BULLA: W. I. Lenin in der Sitzung des III. Kongresses der Kommunistischen Internationale in Moskau, Juni/Juli 1921.

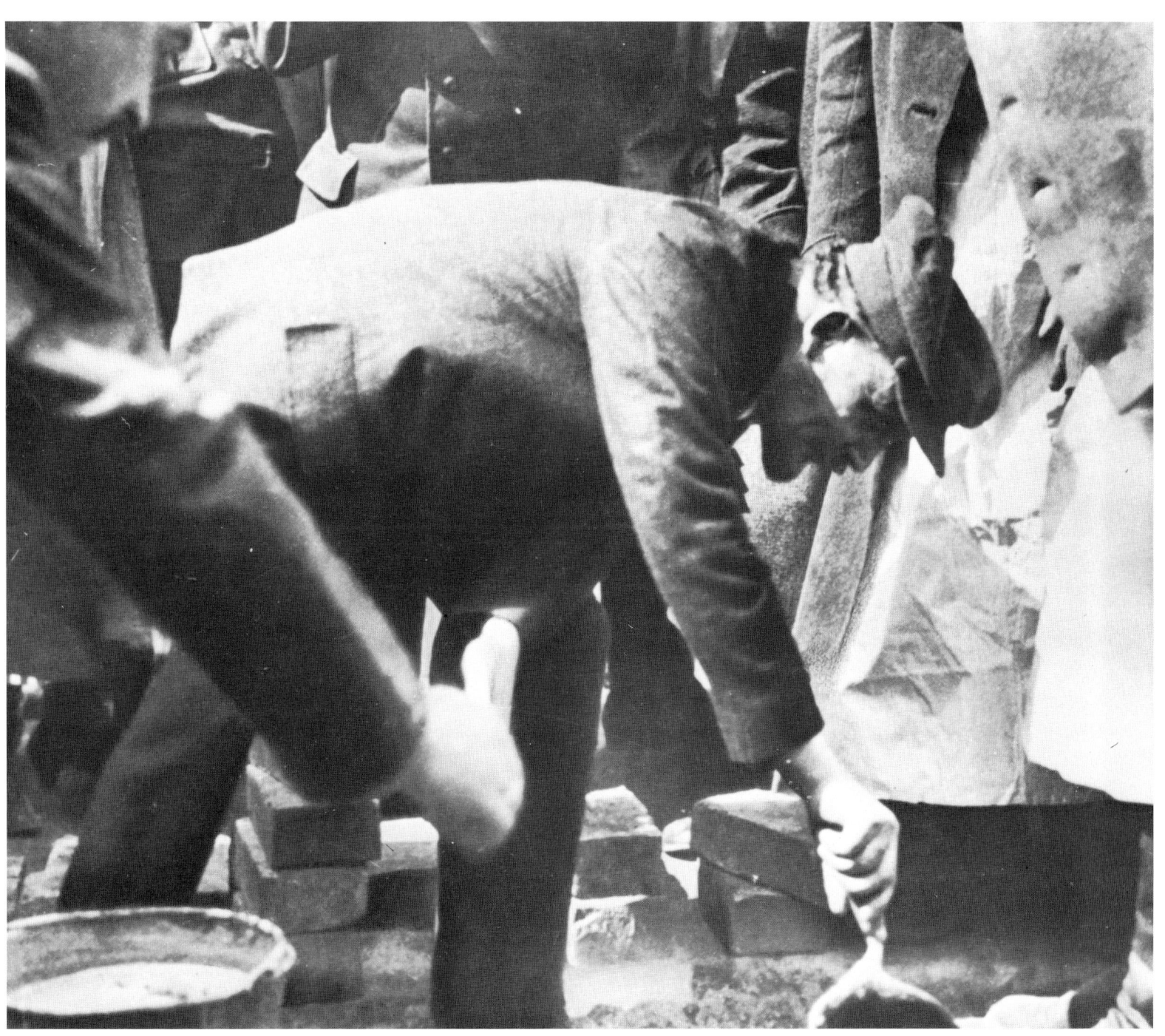

15. Unbekannter Photograph: W. I. Lenin während des historischen Gespräches mit dem englischen Schriftsteller H. G. Wells. Moskau, 6. 10. 1920.

*Der Autor des Buches »Rußland im Nebel« lernte während seines Aufenthaltes Hunger, Not und Analphabetentum des von Revolution und Bürgerkrieg zerrütteten Landes kennen. Lenins Plan, das Land zu elektrifizieren, hielt Wells für eine Utopie; den Repräsentanten der sowjetischen Macht nannte er einen »Träumer im Kreml«. Schon im Jahre 1934 bekannte Wells, daß sich der »Träumer« als Prophet erwiesen hatte: Lenins Vorstellungen waren inzwischen Wirklichkeit geworden.*

# II. Das Land der Sowjets

Die Sowjets der delegierten Arbeiter, Soldaten und Bauern – sie sollten die Träger sowjetischer Macht werden. Der jahrhundertelang gedemütigte Muschik unterstützte den, der ihm Boden, Arbeit und die Hoffnung gab, daß sich sein Leben ändern werde. Das orthodoxe bäuerliche Rußland nahm Abschied von seiner Vergangenheit. In sein Bewußtsein gingen neue Elemente ein, und die Photographie registrierte diese dramatische Umwandlung. Noch herrschten Not, Chaos, Hunger; doch viele Landleute in Lumpen, mit einem Bündel auf dem Rücken, kamen in die Städte, um neue Fabriken zu bauen und die in Krieg und Revolution beschädigten Betriebe instand zu setzen. Noch wurde mit der Hand gesät, aber aus den Toren der Fabriken fuhren bald die ersten russischen Autos. Die Menschen konnten noch nicht schreiben und lesen, doch sie berieten schon, kamen in Versammlungen zusammen, entschieden, ergriffen die errungene Macht. Noch reißen sie mit Spitzhacke und Schaufel die alten Symbole der weltlichen und geistigen Ordnung ein; aber sie kümmern sich schon darum, ein neues Zuhause für sich und für die Horden verlassener, verwilderter Kinder zu finden, die ziellos quer durch das zerrüttete Land ziehen.

Der bedeutendste Photo-Journalist dieser frühen nachrevolutionären Jahre ist Arkadij Schajchet. Er sieht die Wirklichkeit so, wie sie ist. Er beschönigt nichts, arrangiert nichts; es scheint fast, daß Schajchet auf die dokumentarische Glaubwürdigkeit und Wahrhaftigkeit seiner Photographien ängstlich bedacht ist. Vor allem durch Schajchets Beitrag entsteht im sowjetischen Rußland die soziale Reportage. Sie ist anders als zu dieser Zeit in der übrigen Welt. Sie klagt nicht an, kritisiert nicht; aber begierig und vielleicht auch mit entzückter Überraschung registriert sie, was da alles ringsherum geschieht. Diese Reportage ist spontan, aufrichtig, voller Dynamik, Naivität und ungebrochenem Optimismus.

16. ARKADIJ SCHAJCHET: Auf dem Weg zur Arbeit nach Moskau, 1926.
*Nach dem Ende des Bürgerkrieges wanderten Landbewohner aus allen Winkeln des Landes in
die großen Städte, vor allem nach Moskau. Hier fanden sie Arbeit in Industriebetrieben.*

17. ARKADIJ SCHAJCHET: Bäuerliche Mutter, Dorf Kolomenskoje, 1928.

18. ARKADIJ SCHAJCHET: Iljitschows Glühbirne, Dorf Botschi, 1925.
*So sukzessiv, wie die einzelnen Elektrizitätswerke in Betrieb genommen wurden, schritt die Elektrifizierung des Landes fort. Das Bild zeigt Bewohner eines Dorfes im Bereich des Schaturnskischen Wasserkraftwerkes im Augenblick der ersten Begegnung mit einer Glühbirne. Sie wurde populär »Iljitschows Glühbirne« genannt, nach dem Taufnamen Lenins.*

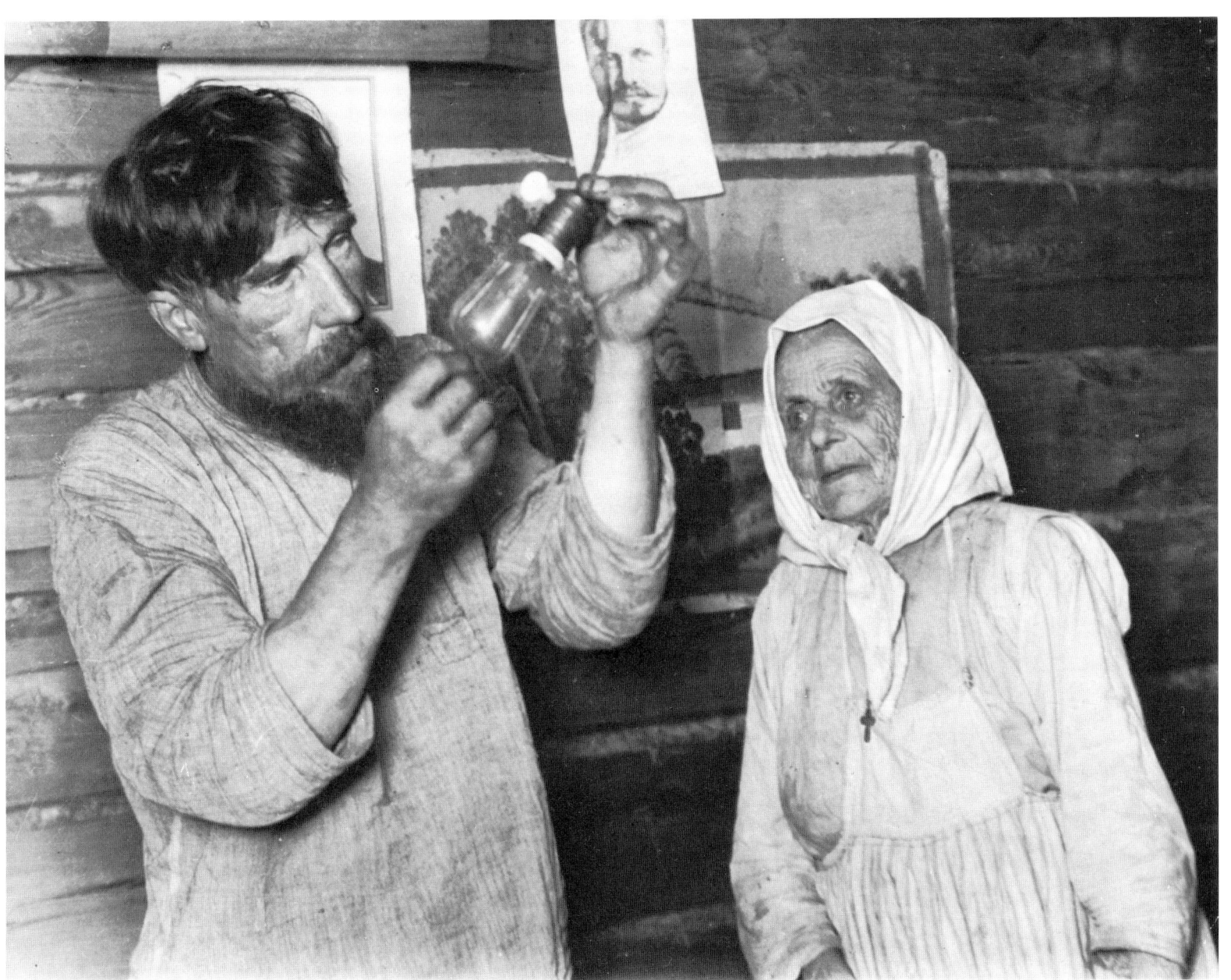

19. SEMJON FRIDLJAND: Liquidation des Simonowskischen Klosters, 1927.
*Die revolutionäre Voreingenommenheit gegen die Kirche hatte die Vernichtung zahlreicher bedeutender Kulturwerte und Kulturdenkmäler zur Folge. Für ihre Wiederherstellung mußte der sowjetische Staat später beträchtliche Mittel aufwenden.*

20. Semjon Fridljand: Im Nachtasyl, Moskau, 1926.
*Revolution und Bürgerkrieg brachten sehr viele Menschen um ihre Wohnstätten. Die Normalisierung des Lebens bereitete der Sowjetregierung in den Zwanzigerjahren große Sorgen. Daher entstanden besonders in den Industriestädten Notunterkünfte.*

21. ARKADIJ SCHAJ-
CHET: Ein heimatloser
Junge wird gebadet.
1923/24.
*Unzählige Kinder ohne
Eltern und Heimat
führten ein wildes Va-
gabundenleben. Um ih-
re Rückkehr ins normale
Leben bemühte sich ein
zahlenmäßig starker
Stab staatlich beauftrag-
ter Arbeiter. Den Pro-
zeß der Umerziehung
schildert das literarische
Werk des Pädagogen A.
S. Makarenko.*

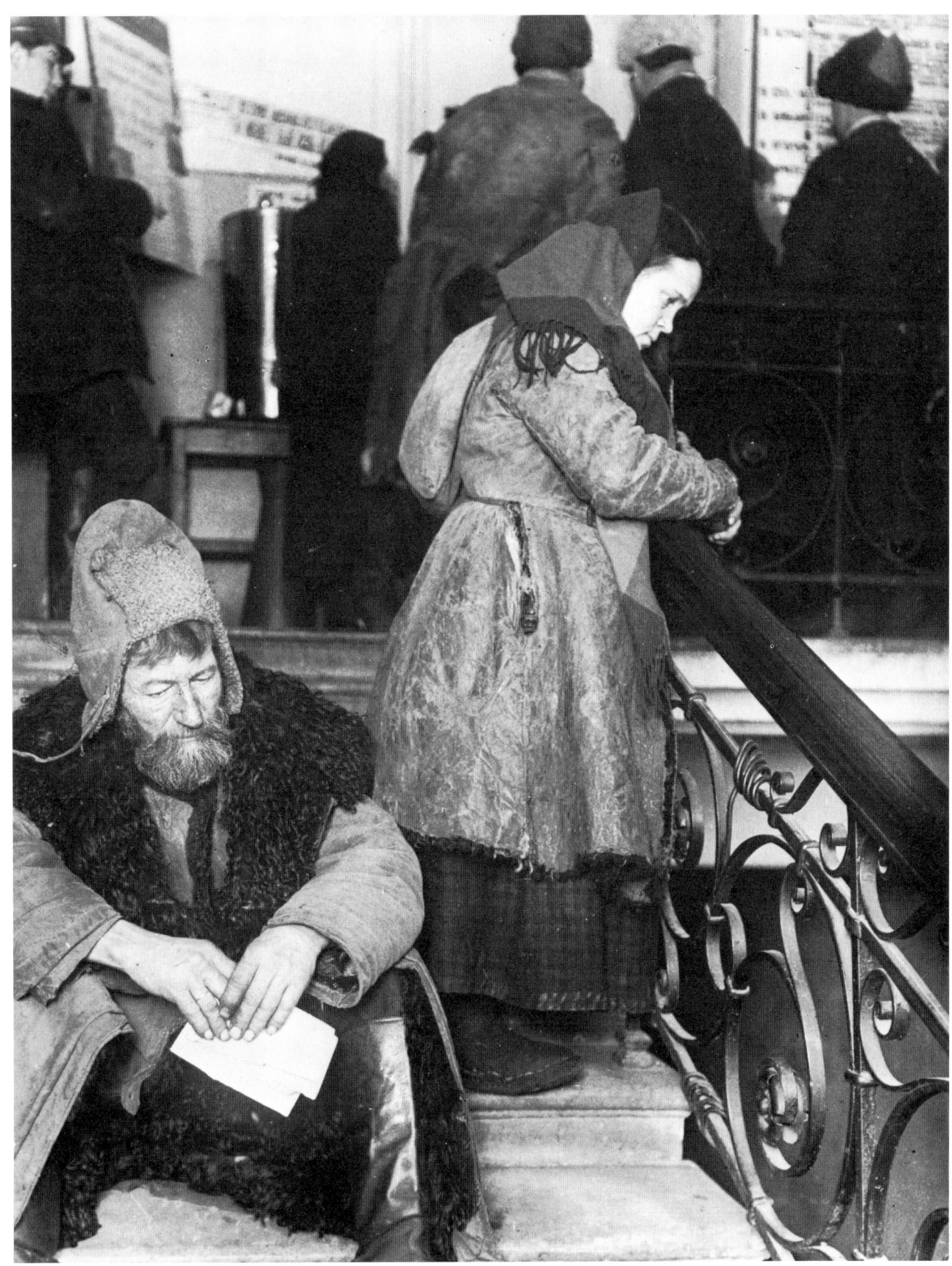

22. Arkadij Schaj-
chet: Vor dem Büro
M. I. Kalinins. Moskau,
1929.
*Michail Iwanowitsch
Kalinin, seit 1919 Vor-
sitzender des Allrussi-
schen Zentralexekutiv-
komitees war ein allge-
mein beliebter Reprä-
sentant der sowjetischen
Macht. Deshalb suchten
ihn einfache Menschen
auf und baten um Rat
und Hilfe.*

23. ARKADIJ SCHAJCHET: Finanzinspektor bei einer »Nepanka«, 1924.
*Die Neue ökonomische Politik (NEP), 1921 vom X. Kongreß der Kommunistischen Partei Ruß-*
*lands (Bolschewiki) gebilligt, ließ in begrenztem Maße Privatbetriebe zu. Sie waren nach dem*
*Bürgerkrieg für den schnellen Wiederaufbau der Volkswirtschaft notwendig. Die Privatunter-*
*nehmer, »Nepmani« genannt, standen unter ständiger Kontrolle von Finanzinspektoren, die*
*ihre Einnahmen und Steuerabgaben sehr sorgfältig prüften.*

24. ARKADIJ SCHAJCHET:
Versammlung von Arbei-
tern und Bauern, die Mitarbeiter bei Zeitungen sind.
Moskau, 1926.

25. ARKADIJ SCHAJCHET: Die erste Kolonne der ersten sowjetischen Autos auf dem Weg aus der Automobilfabrik in Nischnij Nowgorod (heute Gorki) nach Moskau. 1929.

26. MAX ALPERT: Das erste Auto aus Nischnij Nowgorod verläßt die Fabrik. 1929.

27. ARKADIJ SCHAJCHET: N. K. Krupskaja, Lenins Frau, spricht mit Arbeiterinnen aus dem Betrieb Samoskworetsch in Moskau. 1928.

28. ARKADIJ SCHAJCHET: Nach seiner Rückkehr aus Italien im Jahre 1928 unterhält sich der Schriftsteller Maxim Gorki mit Arbeitern.

29. BORIS IGNATOWITSCH: Der 1. Mai in Moskau. 1929.

# III. Das Vaterland vieler Völker

Das sowjetische Mittelasien: Usbekistan, Kasachstan, Turkestan, Kirgisistan, Tadschikistan ... Aber auch Transkaukasien, Jakutien und auch das ganze weiträumige Sibirien, in das bis zur Revolution nur Verbannte aus Rußland kamen. Das unerforschte Gebiet des Fernen Ostens, weit wie ein Ozean; ewig gefrorene Erde, Schnee und Eis hoch im Norden. Noch gestern lebten hier Menschen wie im tiefen Mittelalter. Man pflügte mit Ochsen und Holzpflügen, man säte mit der Hand, das Leben war voller Entbehrungen. Der Pope stank nach Samohonka (selbstgebrannter Schnaps, Fusel – Anm. d. Ü.), Schamanen hüteten die Rückständigkeit. Und dort unten, im Süden, lebten Frauen, auf deren verschleierte Gesichter nie ein Sonnenstrahl fiel. Und gerade in diesen nichtrussischen Republiken – der Reporter Georgij Zelma hat ihnen sein ganzes Leben lang Aufmerksamkeit gewidmet – sind alle Veränderungen noch auffälliger als irgendwo sonst. Hier drehen sie tatsächlich am Rad der Geschichte: Jene Frau, die zum ersten Mal öffentlich ihr Gesicht enthüllt; der alte Mann, zu dem aus dem Kopfhörer des Kristallempfängers die Hunderte von Kilometern entfernte Stimme spricht; der Landwirt, der zum ersten Mal selbst die Kundmachung buchstabiert, um sich zu überzeugen, daß ihm der neue Bárin (Herr – Anm. d. Ü.) Boden schenkt; der halb ausgezogene Junge, der auf dem zu Hause hergestellten Reck turnt.

Eine Zeit voller Neuerungen, Bewegungen, Überraschungen und Veränderungen. Noch immer tönt der langgedehnte Gesang des Muezzins, der fünfmal täglich zum Gebet aufruft. Doch der Eifer der Gläubigen gehört schon dem Bau der Kanäle. Durch sie bringt das Wasser lebendiges Grün auch in die ausgedörrten Wüstengebiete.

32. GEORGIJ ZELMA: Pflüger, Usbekistan. 1924

33. GEORGIJ ZELMA: Bewässerung des Feldes, Taschkent. 1925

34. GEORGIJ ZELMA: Schamane im Gebiet von Jakutsk. 1929
*Der Schamane, ländlicher Zauberpriester, beschwor noch lange nach der Revolution Kranke durch Masken- und Ritualtänze.*

35. GEORGIJ ZELMA: Bekanntmachung der Agrarreform, Usbekistan. 1924

36. GEORGIJ ZELMA: In den Straßen von Taschkent. 1925
*Jahrhunderte hindurch verbargen sich verheiratete Frauen hinter der Parandscha, einem dichten Netz aus Roßhaaren.*

37. GEORGIJ ZELMA: Hochzeit in Mittelasien. 1925
*Die sowjetische Macht führte die Ziviltrauung ein, konnte aber die Enthüllung des Gesichts der Frau nicht gegen den Willen des Mannes durchsetzen.*

В. Ленин.

38. GEORGIJ ZELMA: Feiertag der Frauen. 1926
*Frauen, die sich entschlossen hatten, die Parandscha abzulegen, muß die Polizei vor den empör-*
*ten Männern - oft vor den eigenen - schützen. Es kam sogar vor, daß der Ehemann seine Frau*
*erschlug, wenn sie sich dafür entschied, ihr Gesicht in der Öffentlichkeit zu enthüllen.*

# IV. Die Sowjetunion im Aufbau

»Die kapitalistische Welt einholen und überholen!« Das ist von dem Augenblick an die Devise der sowjetischen Ökonomie, da Stalin im Jahre 1928 den ersten wirtschaftlichen Fünfjahresplan verkündet. Es beginnt die Ära der schnellen Industrialisierung. Das Agrarland soll in eine industrielle Großmacht verwandelt werden; die ungeheuren und bisher ungenützten Quellen des natürlichen Reichtums sollen dem Staat die wirtschaftliche Autarkie sichern. Die Photographen bekommen die Aufgabe, über die Entstehung neuer Fabriken, Wasserkraftwerke, Eisenbahnen, Kanäle, Bewässerungssysteme zu informieren. Aber die neuen Bauten entstehen zumeist in Einöden, Hunderte Kilometer von menschlichen Wohnstätten entfernt. Und die Menschen, gewöhnt, an einem Ende des Landes zu leben, wandern Tausende von Kilometern, um sich am anderen Ende anzusiedeln. Aus dem Süden in den Osten, aus dem Norden in den Süden. Die Menschen finden Arbeit, erreichen eine Qualifikation, schaffen sich ein neues Heim. Vor allem kommt die Jugend. Sie lebt unter den pionierhaften Bedingungen der ersten Kolonisatoren; sie baut Städte, die erst in die Landkarte eingezeichnet werden; die Jugend baut Fabriken auf, die bald das weitere Schicksal des Landes bestimmen. Die Bildzeitschriften dieser Ära popularisieren nicht nur den Aufbau, sie gewinnen für ihn auch notwendige Arbeitskräfte. Die bedeutendste Zeitschrift dieser Jahre ist »Die Sowjetunion im Bau« (»SSSR na strojke«). Max Alpert, Korrespondent der »Prawda«, ist der bedeutendste Bild-Chronist. Als häufigste Ausdrucksform werden Reihen sich thematisch ergänzender Bilder (»fotočerki«) verwendet. Sie sind aber nicht nur der Technik und den wachsenden Objekten gewidmet, sondern auch den Menschen, die auf diesen Bauten arbeiten. Gemeinsam mit diesen Menschen gehen die photographischen Bilder durch die wichtige, innere Entwicklung der Zivilisation.

46. MAX ALPERT: Der Landbewohner
Viktor Kalmykow kommt auf dem Bau
Magnitogorsk an. 1930

*Ab Februar 1929 kommen Menschen aus
allen Gegenden des Landes in die Einöde
am Ural zum Bau der Stahlwerke und
der künftigen Stadt Magnitogorsk. Es
sind meistens junge Leute, die weder
schreiben, noch lesen können und entschlossen sind, die Lebensbedingungen eines Pioniers auf sich zu nehmen. Anfangs
wohnen sie in Militärzelten; nach der Arbeit lernen sie schreiben und lesen. All-
mählich gewinnen sie nicht nur eine neue
Heimat, sie erwerben auch die fachliche
Qualifikation für die Arbeit in der
Schwerindustrie. Max Alpert hat das
Wachsen der neuen Stadt und der Stahlwerke von Anfang an und Jahre hindurch
photographiert. Am bekanntesten ist seine Bildgeschichte von Viktor Kalmykow
und seiner Wandlung. Hauptziel der
Bildgeschichte war es, möglichst viele
Menschen für das Programm des wirtschaftlichen Aufbaues zu gewinnen.*

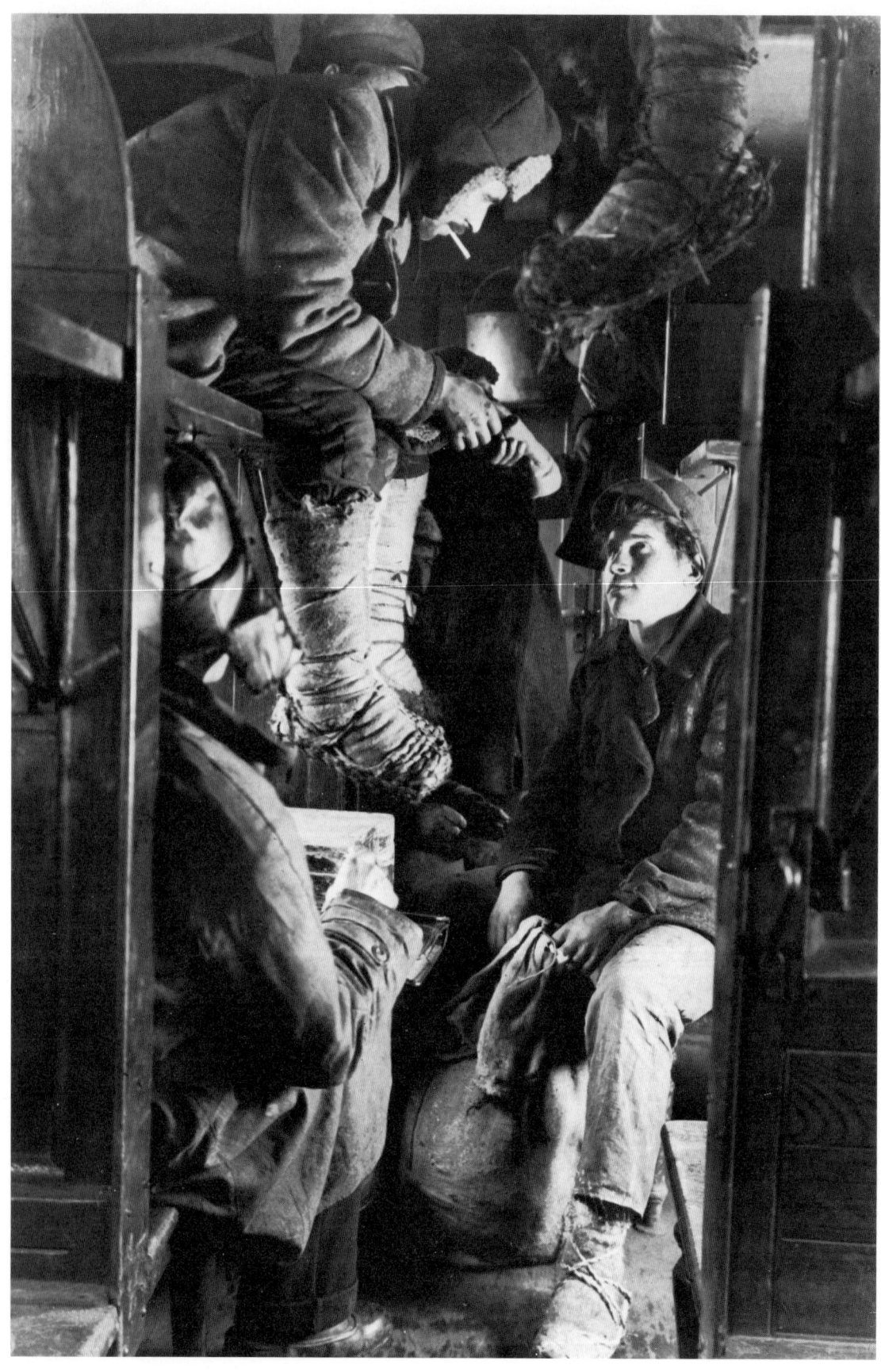

47. MAX ALPERT: Im Zug. Aus der
Bildgeschichte von Viktor Kalmykow.
1930
*Die Menschen fuhren zum Bau über*
*Tausende von Kilometern in geheizten,*
*zur Personenbeförderung eingerichte-*
*ten Güterwaggons.*

48. MAX ALPERT: Unterkunft am Bau.
Aus der Bildgeschichte von Viktor Kalmykow. 1930

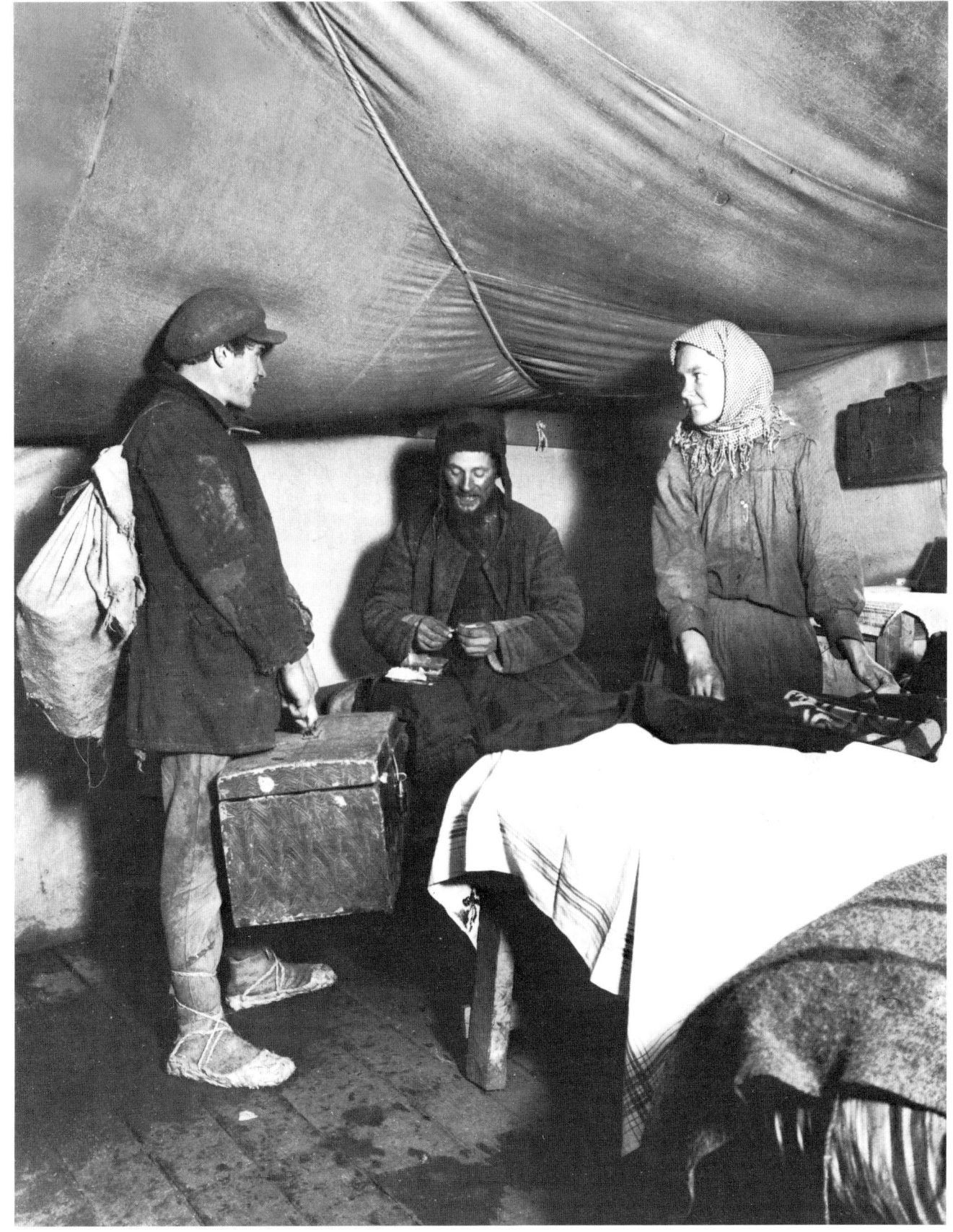

49. Max Alpert: In der Abendschule. Aus der Bildgeschichte von Viktor Kalmykow. 1930
*Der Photograph illustriert den ersten, vom Analphabeten Kalmykow geschriebenen Satz: »Magnitostroj muß die Schule der Kader sein.«*

50. MAX ALPERT:
Aushub der Funda-
mente des ersten
Hochofens, Magnito-
gorsk. 1930
*Auf großen Baustellen
wurde anfangs manu-
ell, mit primitiven Mit-
teln gearbeitet. Magni-
togorsk war der wich-
tigste von fünfhundert
Industriebauten des
ersten wirtschaftlichen
Fünfjahresplanes. 34
Monate nach Errich-
tung des ersten Zeltes
in der Einöde produ-
zierte der erste Hoch-
ofen den ersten Stahl.*

51. MAX ALPERT: Die erste Gestalt der Stadt Magnitogorsk. 1930

52. MAX ALPERT: Turksib. 1930
*Der Bau der 1500 km langen Bahnlinie, die Sibirien mit Turkestan verbindet, war das erste*
*Teilstück der transsibirischen Nord-Süd-Magistrale.*

53. MAX ALPERT: Der erste Zug auf der Strecke der Turksib. 1. 5. 1930

54. MAX ALPERT: Bau des Fergana-Kanals, Usbekistan. 1939
*Der umfangreiche Ausbau eines künstlichen Bewässerungssystems hatte für die mittelasiatischen Gebiete der UdSSR grundsätzliche Bedeutung. Im Jahre 1939 wurden allein in Usbekistan 52 Bewässerungsanlagen gebaut; unter ihnen auch der berühmte »große Fergana-Stalin-Kanal«, der auch die Nachbarrepubliken bewässert. Das 270 km lange Kanalbett hoben 160 000 Menschen, meist Zwangsarbeiter, in 45 Tagen aus.*

56. MAX ALPERT: Bau des Fergana-Kanals. 1939. Volksmusikanten konzertieren während der Arbeit.

57. Max Alpert: Auf dem Baugelände des Fergana-Kanals. 1939

58. Max Alpert: Auf dem Baugelände des Fergana-Kanals, Materialtransport. 1939

# V. Die Kollektivierung des Landes

Die Geschichte der ersten Tage des gemeinsamen Wirtschaftens hat ihre Literatur. Sie umfaßt Tausende von Seiten, die die harte Zeit der Flurbereinigung beleuchten und auf ihre Art auch feiern. Sie erzählen von der Entstehung der Kolchosen, gefördert von den Sowjets; sie berichten von den Bemühungen der vermögenden, privaten Landwirte, den Kulaken, die alte Ordnung wiederherzustellen und ihr Eigentum zurückzugewinnen. Denn gerade das russische und das ukrainische Dorf mit seinem traditionell geruhsamen Leben und seinen patriarchalischen Verhältnissen, rückständig, verwahrlost, halb ertrunken im Kot, wurde plötzlich zur Frage über Sein oder Nichtsein der sowjetischen Macht. Tatsache ist, daß es hier zu scharfen Auseinandersetzungen kam, daß wegen Grund und Boden unendlich viel Blut floß, und das noch lange nach der Revolution. Aber diese Zeit hat nicht nur ihre Scholochows, sie hat auch ihre Photographen. Wenn sie auch kaum mit der gleichen Intensität wie die Schriftsteller alle diese tragischen, harten, brutalen, komischen, in jedem Fall aber äußerst dramatischen Szenen aufzeichnen konnten, die Atmosphäre der Kollektivierung haben die Photographen erfaßt. Viele haben sie photographiert, meist in den Tagen, da die Stacheln des unbarmherzigen Kampfes schon halb gebrochen waren. Nur einige haben es so zustandegebracht wie Boris Ignatowitsch, Arkadij Schischkin oder Georgij Petrusow. Wenn es so etwas Ergreifendes gibt, wie die vom Boden abhängige Seele des ländlichen Menschen, dann wird sie in den Arbeiten der Genannten sichtbar. Nach Jahrzehnten noch fordert das Bild dieser Zeit die Zögernden und Mißtrauischen, aber auch die Entschlossenen heraus, den Ablauf des Landlebens zu ändern, die landwirtschaftliche Produktion zu modernisieren und den neuen Lebensstil auch der Denkweise des Bauern anzupassen.

62. Boris Ignatowitsch: Sitzung der Leitung der Dorfkommune. 1928

63. Boris Ignatowitsch: Wanderkino. 1927

64. ARKADIJ SCHISCHKIN: Abstimmung für die Kolchose, Dorf Rodigino, Gebiet Nischegorod. 1929

65. BORIS IGNATOWITSCH: Im »Roten Winkel«, 1928
*In den Kolchosen – kollektiv wirtschaftenden Dorfkommunen – entstanden Kulturstuben, in denen sich vor allem die Jugend traf und unterhielt.*

66. GEORGIJ PETRUSOW: Mit Musik und Transparenten leiteten Bauern die gemeinsame Ernte
ein. 1933

68. Georgij Petrusow: Mittagspause,
Kolchose W. I. Lenin. 1933

70. Boris Ignatowitsch: Mittagessen in der Dorfkommune. 1929

71. Semjon Fridljand: Kinderkrippe der Kolchose. 1934
*Gemeinsame Verpflegung und gemeinsame Betreuung der Kinder entlasteten die Landfrau von den laufenden Familienpflichten und erlaubten ihre Eingliederung in den Arbeitsprozeß, notwendiger Bestandteil der Emanzipierung.*

# VI. Die Zeit der großen Veränderungen

»Die Kunst durch Produktion ersetzen, Schönheit in der Zweckmäßigkeit sehen, Qualität am Gebrauchswert messen.« Diese Ansicht der jungen russischen und später sowjetischen Künstlergeneration – der Produktivisten und Konstruktivisten – entsprang der Sehnsucht nach sozialem Fortschritt, der Bewunderung für die technische Zivilisation, für die Funktion und Einfachheit all dessen, was dem Menschen dienen, seiner Befreiung helfen sollte. Alles Alte, Traditionelle war plötzlich überholt, lächerlich und überflüssig. Die ersten Erfolge nach dem revolutionären Umbau des Lebens der russischen Gesellschaft erbrachten den Beweis, daß man ihre Zukunft in der Entwicklung der Wissenschaft, der Technik, in der Revolution der Denkweise, in der Änderung des Lebensstils sehen müsse. Und Hand in Hand mit dieser Überzeugung kam das Bedürfnis nach neuen Helden. Der alte, zerlumpte, analphabetische, der begeisterte und entschlossene Held, der neue Städte, Bewässerungskanäle und Industriekombinate mit Spitzhacke und bloßen Händen baute, gehörte bereits der Vergangenheit an. Es war notwendig, einen Helden zu erschaffen, der nicht bloß die Natur beherrscht und die Wirkung der gesellschaftlichen Gesetze zu seinem Vorteil nutzt. Einen Helden, der Maschinen und andere komplizierte Vorrichtungen erfindet und beherrscht; der kühne Gedanken verwirklicht, die lange utopisch erschienen, und einige, die immer noch utopisch zu sein scheinen. Und so heroisiert auch die Photographie. Sie zeigt den Menschen in einer Ausnahmesituation, in der er sich bewegt, der er die Stirne bieten muß, die er schließlich überwindet. Die Photographie zeigt den Menschen in der neuen Rolle eines Urhebers aller Werte, sie stellt seinen neuen Lebensstil und seine Mission vor.

77. GEORGIJ PETRUSOW:
Staudamm des Dnjeproges,
des neuen Wasserkraft-
werks am Dnjepr. 1934

78. SEMJON FRIDLJAND:
Halle des ersten Kaufhau-
ses GUM, Moskau. 1929

# Vierundzwanzig Stunden der Familie des Moskauer Arbeiters Filippow

Die Bild-Erzählung vom Leben des Metallarbeiters Filippow aus der Fabrik »Roter Proletarier« in Moskau bildete einen selbständigen Teil der Photoausstellung, arrangiert von der sowjetischen Agentur »Sojuzfoto«. Die Photographen der Agentur – A. Schajchet, M. Alpert, S. Tules und der Redakteur L. Mežeričev – lebten vier Tage mit der Familie zusammen und zeichneten in Wort und Bild jede ihrer Bewegungen auf. So entstand die photographierte Geschichte in 78 Bildern, die durch Inhalt und Wirkung Aufsehen erregte. Im Grunde genommen wies dieser soziologische Dokumentarbericht auf die Möglichkeit einer propagandistischen Auswertung hin. In der sowjetischen Presse nahm die Bild-Erzählung bald einen erstrangigen Platz ein. Aber niemals mehr erreichte sie die Wirkung der »Vierundzwanzig Stunden der Familie des Moskauer Arbeiters Filippow«.

79. Auf dem Weg vom Einkauf.

Alle Photos von Seite 115 bis 125 stammen aus der photographischen Bildgeschichte »24 Stunden der Familie Filippow« der Photographen A. Schajchet, A. Alpert und S. Tulesa. Moskau 1931

80. Das Haus, in dem die Familie Filippow lebt.

83. Auf dem Weg zur Arbeit.

84. Der mittlere Sohn des Arbeiters Filippow.

85. Mittagessen im Speisesaal der Fabrik.

86. Filippow bei der Arbeit.

87. Die Frau des Arbeiters Filippow besucht einmal wöchentlich einen Kurs für Hausfrauen, die nicht schreiben und lesen können.

88. Der Sohn Vít'a im Kindergarten.

89. Zu Hause in der Küche.

90. Die Frau des Arbeiters Filippow, Anna Iwanowna, beim Einkauf.

91. Die für 5 Rubel und 45 Kopeken eingekauften Waren Anna Filippowas.

92. Im Park der Kultur und Erholung.

93. Der Sohn Vít'a bekommt neue Kleider.

94. Ruhepause im Park der Kultur und Erholung.

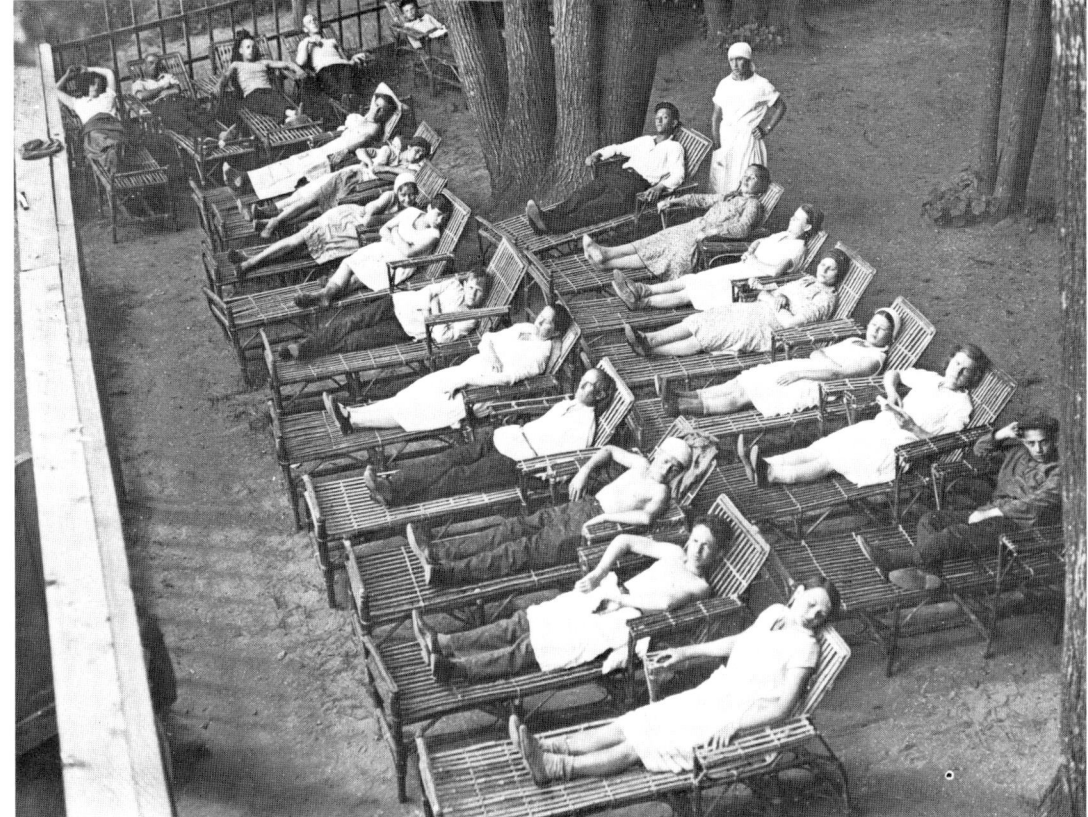

# Neues Leben braucht neuen Ausdruck

Zweifellos war es der Film, der zur rechten Zeit nach der Historie griff. Er entstand als Vergnügungsattraktion, als Kunst der Straße, verachtet von kultivierten Menschen. Aber der Film lockte die künstlerische Jugend. Maler, Literaten, Theaterleute, Komponisten, Exzentriker – sie alle fühlten im Unterbewußtsein, daß zum Leben erwachte Bilder fähig sind, mit ihrer eigenen Sprache zu sprechen. Den neuen Ausdrucksmöglichkeiten standen die bildenden Künstler und Photographen am nächsten. Instinktiv fühlten sie die Möglichkeit, das Objekt in Detailansicht und auch statisch zu zeigen; das Objekt vertraulich näherzubringen, es von nah und allen Seiten durch Veränderung des Blickwinkels betrachten zu können; das Leben zu enthüllen. Die Photographie wirkte plötzlich ungewohnt neu. »In der Betrachtungsweise unseres Auges hat eine Revolution begonnen«, sagte Rodtschenko. »Jahrtausende hindurch hat man uns dazu erzogen, daß wir auf verschiedenen Bildern alles nach den Kompositionsregeln unserer Großmütterchen sehen. Es ist notwendig, das Schauen der Menschen zu revolutionieren, damit sie aus allen Blickwinkeln und bei jeder beliebigen Beleuchtung sehen.«

Entdeckungen sind noch heute Rodtschenkos Bildeinstellungen von Moskauer Straßen; Bilder, auf denen die Horizontlinie diagonal verläuft. Tausende von Jahren haben sie die Maler tatsächlich parallel zum Rahmen gemalt. Doch Rodtschenko und seine Trabanten sahen die Horizontlinie anders – wie der Flieger, der mit einer kühnen Kurve von der Erde abgehoben hat. Vor ihm neigt sich der Bildhorizont, er wird zur Diagonale. Damit weiten sich die Grenzen des Blickfeldes aus, die Stadt scheint aus dem Rahmen der Photographie herauszutreten.

95. GEORGIJ ZELMA: Auf dem Fest für Körpererziehung, Moskau. 1932
*Bis zur Revolution gehörte der Sport zu den Privilegien der höheren Schichten. In den Zwanziger- und Dreißigerjahren wurde das Interesse der Massen an Leibesübungen zur Kundgebung der sozialen Befreiung. Besonders beliebt waren rhythmische Umzüge, lebende Bilder, Pyramiden aus menschlichen Körpern. Sport und Leibesübungen drückten kollektives Denken aus. Über den Roten Platz marschierten Kolonnen gebräunter Körper. »In die Straßen Moskaus sind Trainingshosen eingezogen«, sagt die Tochter Alexandr Rodtschenkos.*

101. ALEXANDR RODTSCHENKO: Sammel-
platz der Sportler im Hof des Hauses an der
Kirow-Straße, in dem A. Rodtschenko lebte.
Moskau. 1930

104. ALEXANDR RODTSCHENKO: Der Sucharewsky-Boulevard in Moskau. 1932

105. ALEXANDR RODTSCHENKO: Planetarium in Moskau. 1930

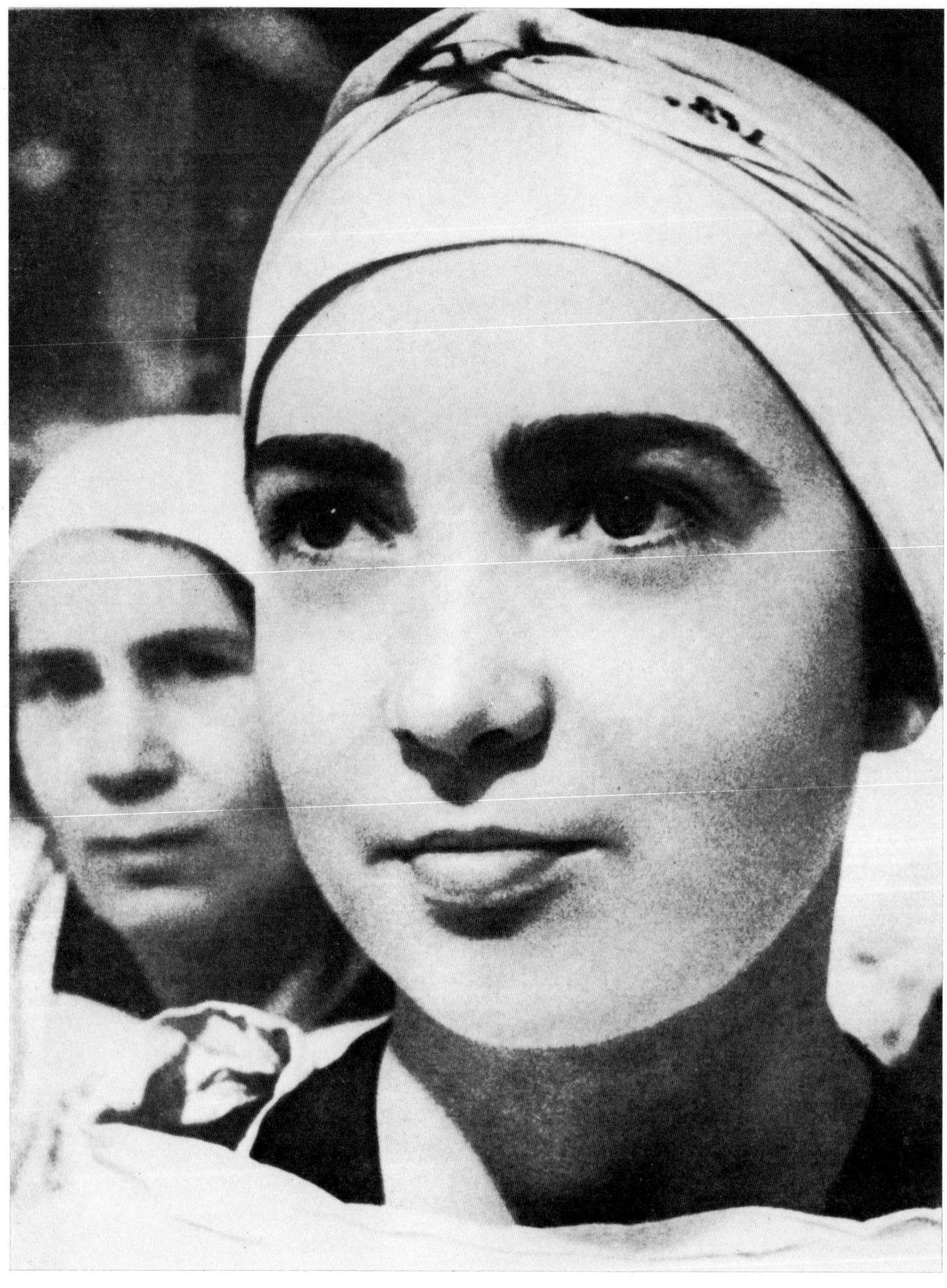

108. JELIZAWETA IGNATOWITSCHOWA: Porträt der Arbeiterin Tatjana Surinowowa. 1932

109. BORIS IGNATOWITSCH: Jugend. 1937

113. ALEXANDR RODTSCHENKO:
Sprung ins Wasser. 1936

115. ALEXANDR RODTSCHENKO: Der
Weißmeer-Ostsee-Kanal. 1931
*Den Weißmeer-Ostsee-Kanal begann
Rodtschenko zu photographieren, nachdem er des Formalismus bezichtigt worden war. »Um sich von Ästhetizismus
und Abstraktion zu kurieren«, wie
Rodtschenko selbst sagte. Er suchte Zu-
flucht in der Photoreportage und in der
Sportphotographie. Beim Bau des Ka-
nals vergaß er alle schöpferische Bitter-
keit und Zweifel. »Ich habe einfach
photographiert und nicht über den Formalismus nachgedacht ...« Das Leben
auf dem Bau fesselte ihn so, daß er noch
zweimal hinfuhr.*

116. ALEXANDR RODTSCHENKO: Der Weißmeer-Ostsee-Kanal, auch ein Werk der Zwangsarbeiter. 1933

117. ALEXANDR RODTSCHENKO: Pionier. 1930
*Wegen einer Variante dieser Aufnahme wurde Rodtschenko aus der bildnerischen Gruppe*
*»Oktjabr« wegen Formalismus ausgeschlossen. Die Leitung der Gruppe ging auf Boris Ignato-*
*witsch über.*

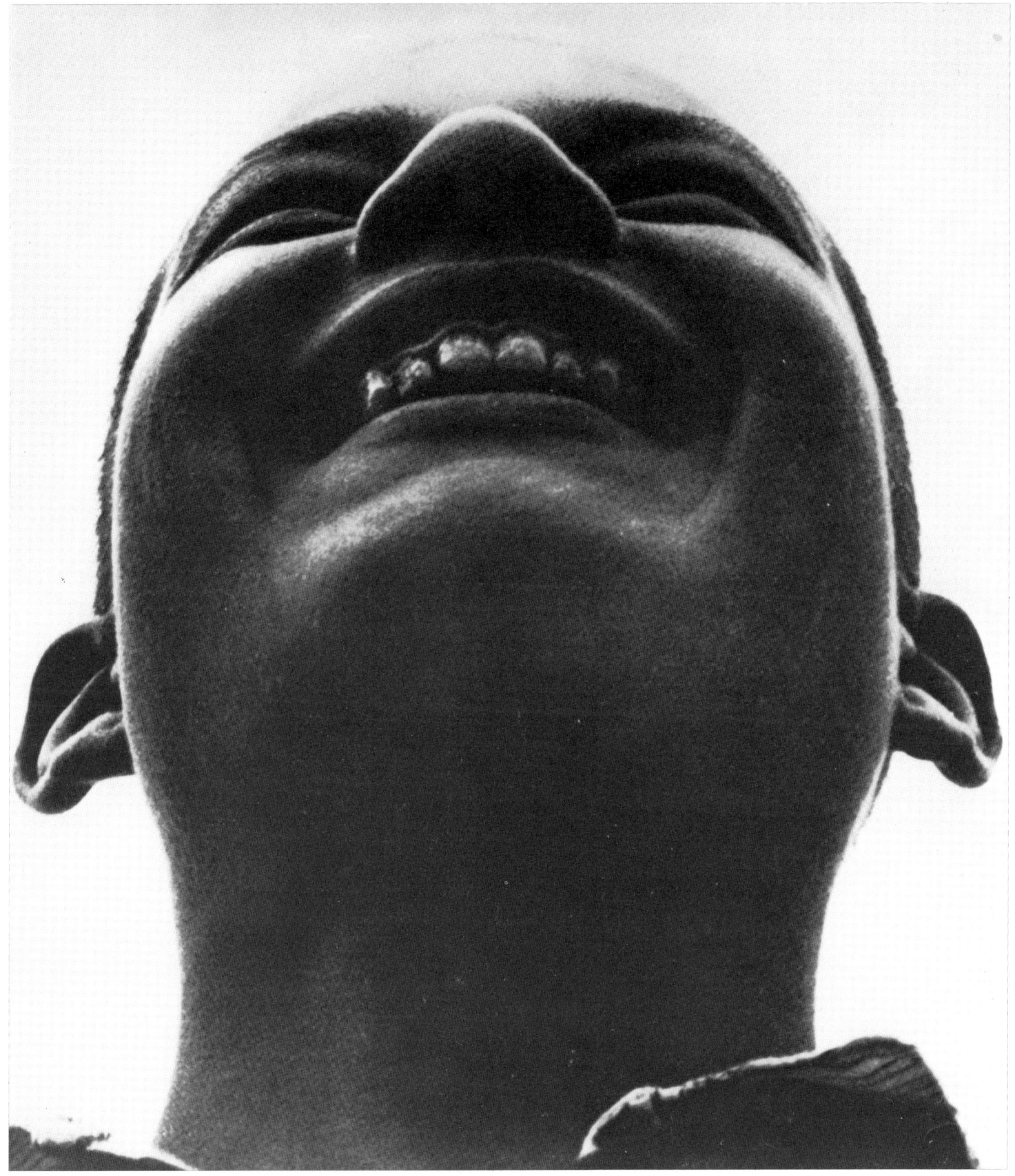

# Revolution der Kunst – Kunst der Revolution

»Wahre Poesie muß dem Leben wenigstens um eine Stunde zuvorkommen«, sagte der Dichter Wladimír Majakowskij. Das ist die Antwort an jene, die ihn nicht verstehen. Ähnlich denkt auch der Maler und Photograph Alexandr Rodtschenko. Mit Majakowskij verbindet ihn die leidenschaftliche Sehnsucht, neue Ausdrucksmittel zu finden, um die Wirklichkeit der neuen Zeit zu formulieren. Wie die anderen bildenden Künstler glaubt auch Rodtschenko, daß man sie mit den traditionellen Methoden der Malerei und Grafik nicht festhalten kann. Er kommt zur Photographie möglicherweise auch deshalb, weil sie seiner technischen Veranlagung als Kunst der Zukunft erschien. Zunächst arbeitete Rodtschenko mit der Photographie als bildender Künstler; zu photographieren begann er später, als ihn seine Photomontagen schon berühmt machten. Mit ihnen illustrierte er literarische Werke. Die Serie zu Wladimír Majakowskijs Poem »Pro eto« (»Darüber«) – sie erschien 1923 in Buchform – hat eigentlich Rodtschenkos Ruhm als Photograph begründet. Es gelang ihm, eine stilgerechte Einheit zu finden, die der ungewohnten, novatorischen Poesie entsprach. Die Ähnlichkeit der schöpferischen Methoden des Künstlers und des Dichters war das Fundament ihrer engen Zusammenarbeit, die bis zum Tode Majakowskijs andauerte.

Rodtschenko und Majakowskij waren die markanten Repräsentanten der russischen und sowjetischen Avantgarde. Sie hielten die Kunst für einen Bestandteil der Revolution, die für sie der Anfang einer neuen und besseren Welt war. Rodtschenko und Majakowskij verkündeten die Einheit der revolutionären Wirklichkeit und der revolutionären Kunst.

118. ALEXANDR RODTSCHENKO: Photomontage, Umschlag zu Wladimír Majakowskijs Poem »Pro eto« (»Darüber«). 1923
*Abbildungen auf Seite 151 bis 160 Photomontagen Alexandr Rodtschenkos, Illustrationen zu Wladimír Majakowskijs Poem »Pro eto«.*

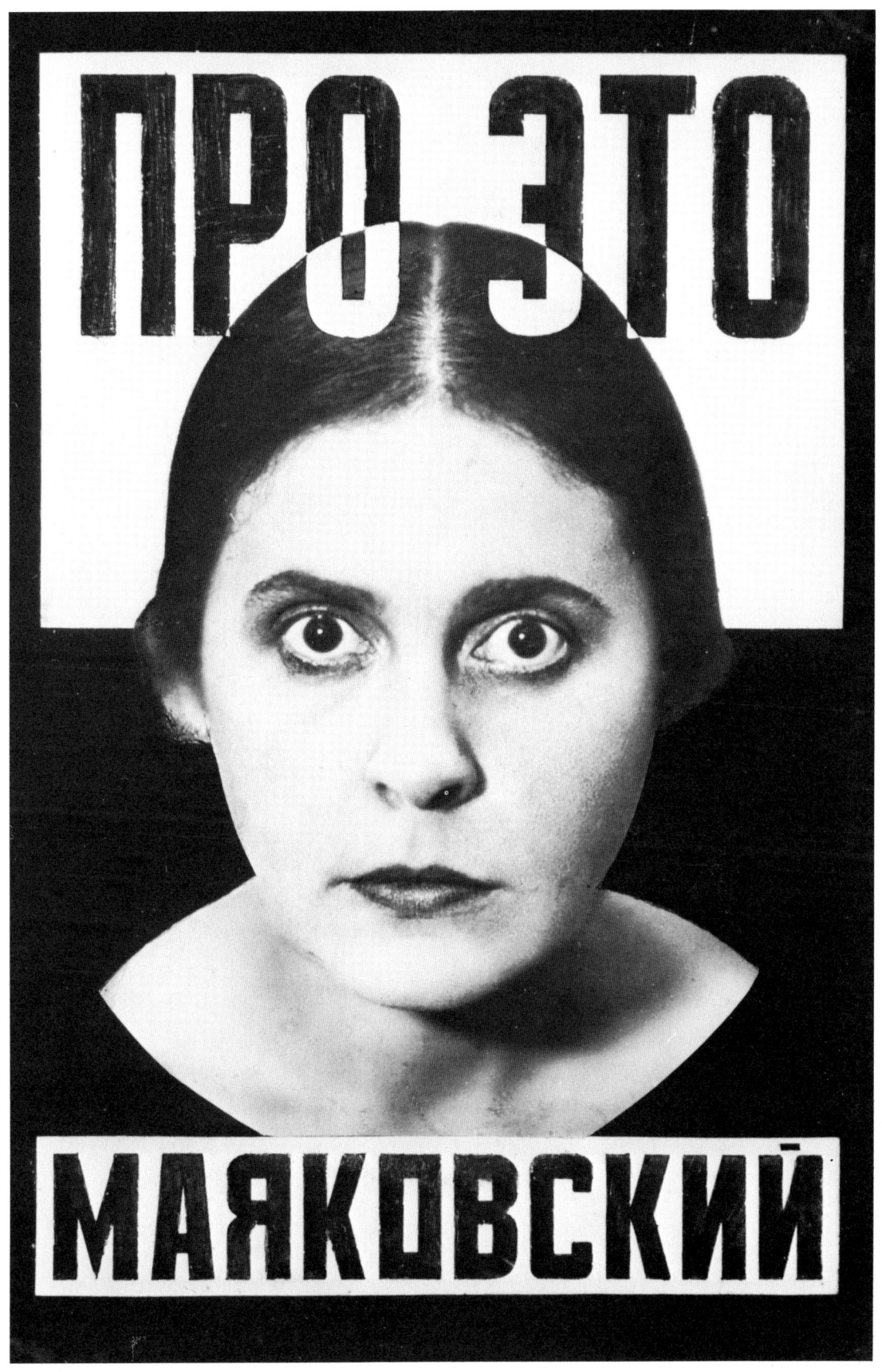

119. ALEXANDR RODTSCHENKO: Photo-montage zu »Pro eto«.

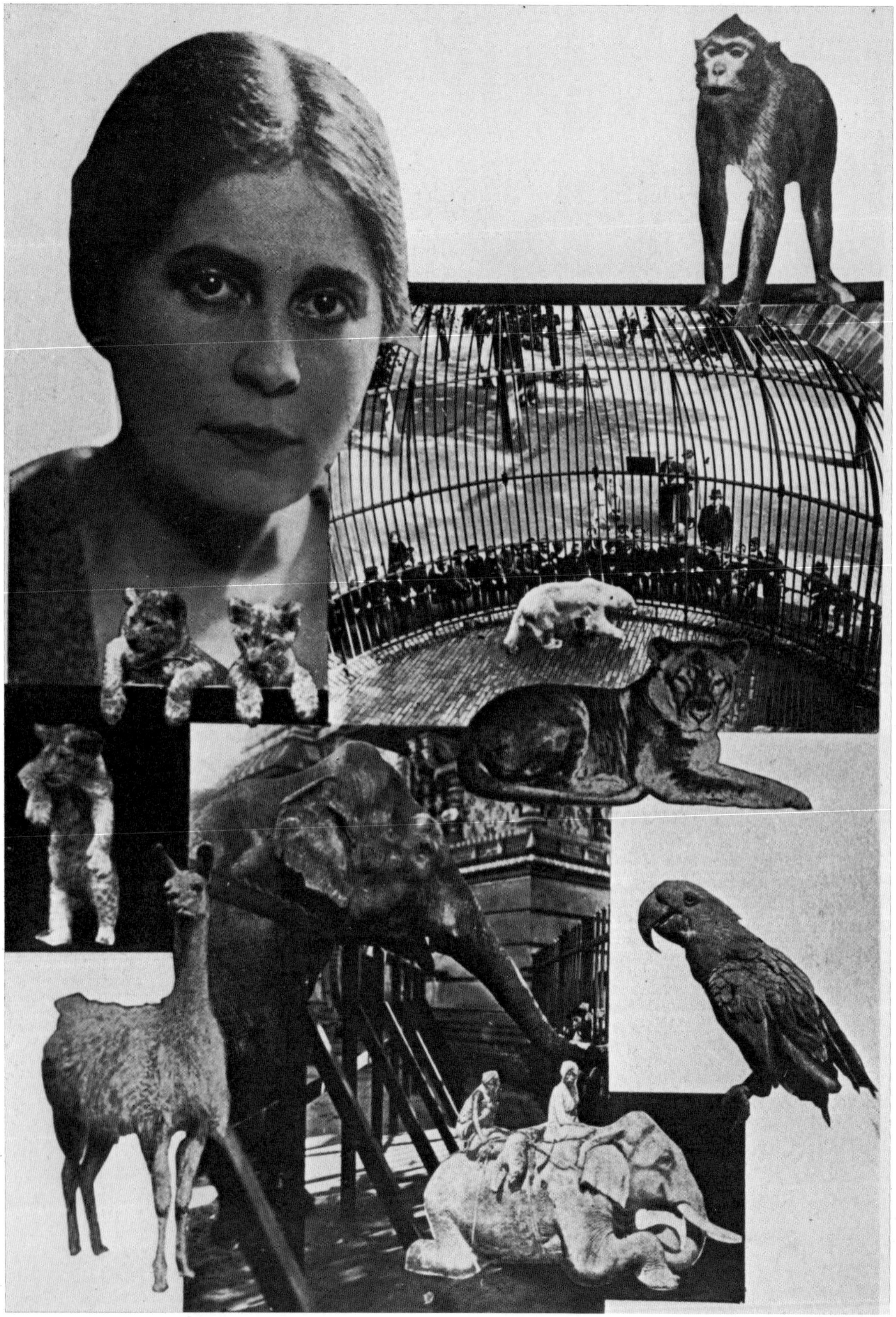

121. Alexandr Rodtschenko: Photomontage zu »Pro eto«

126. ALEXANDR RODTSCHENKO:
Krise. Photomontage aus der Serie
»Gegen den Krieg«. 1923

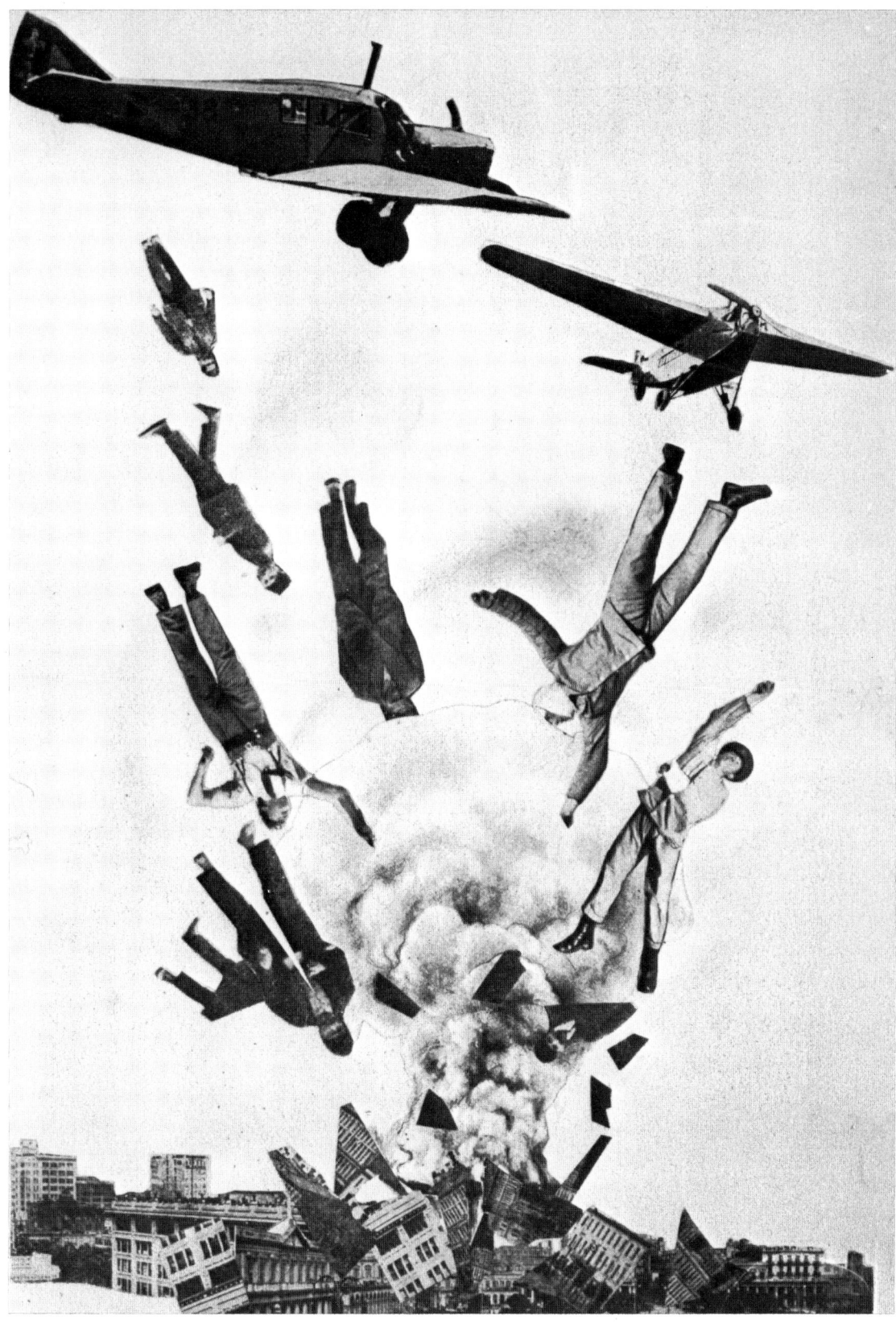

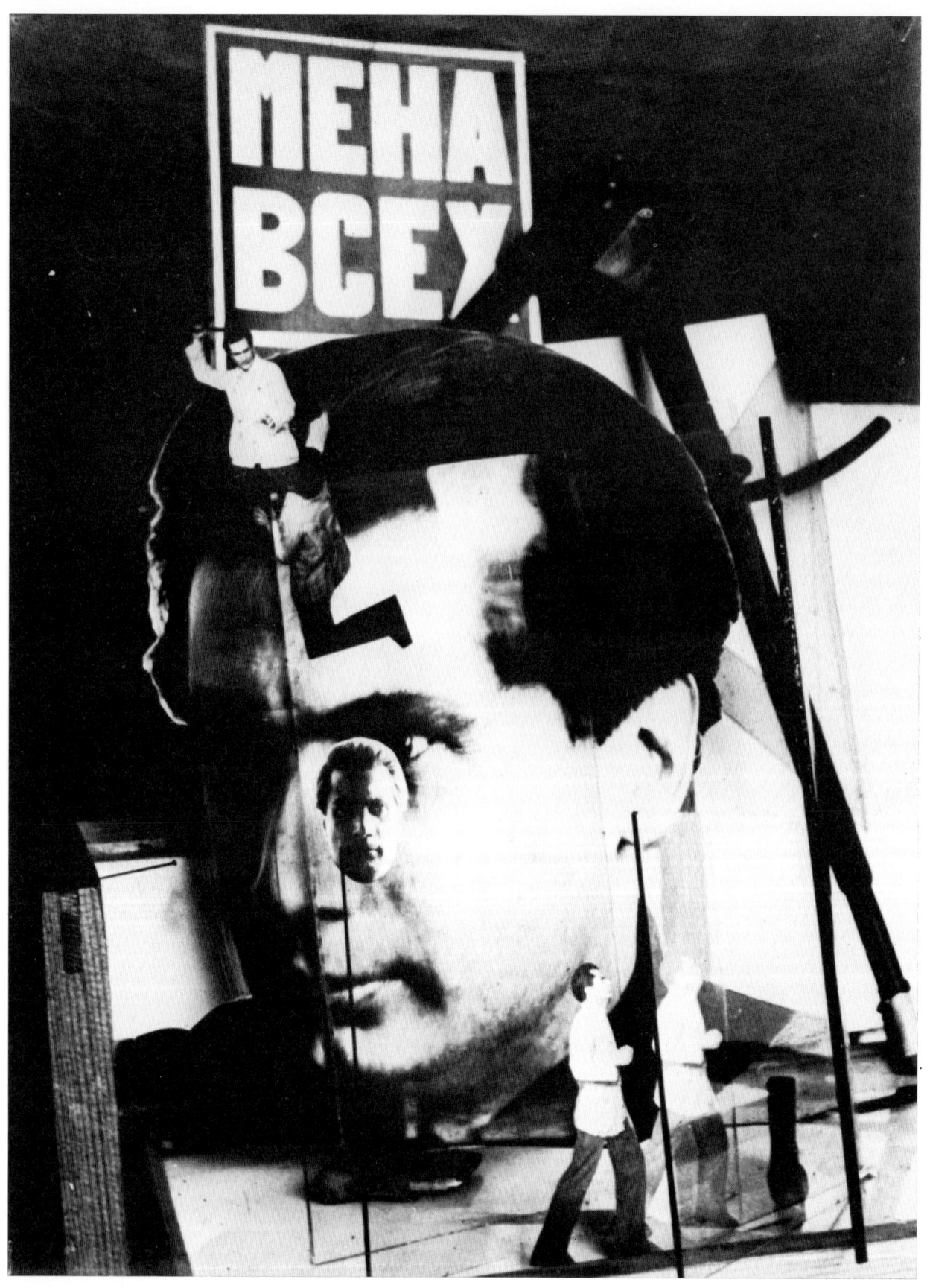

127. ALEXANDR RODT-SCHENKO: Photomontage. Umschlag der Anthologie »Konstruktivisten – Dichter«. 1924

# VII. Menschen

Gleich nach der Revolution, im Frühjahr 1918, fand in Petersburg eine Ausstellung der Arbeiten des bedeutenden russischen Porträtisten Mojsej Nappelbaum statt. Der Sinn der Ausstellung war: Zu zeigen, was eine gute Photographie ist, und auch das Bestreben, vielen Menschen ein wichtiges Kommunikationsmittel vorzustellen. In der Ausstellung hing auch eine Photographie, die die Öffentlichkeit zum ersten Mal mit den Gesichtszügen des Führers der Revolution, mit Lenin bekanntgemacht hat. Es war nicht das letzte Mal, daß die junge Sowjetmacht die Porträtphotographie zur Popularisierung von Persönlichkeiten des politischen und kulturellen Lebens benützte. So begann das älteste und am weitesten verbreitete Genre der Photographie unter neuen Bedingungen die gleiche Funktion zu erfüllen wie die junge Reportage; es propagierte, informierte, dokumentierte. Aber es dauerte nicht lange, und die Porträtphotographie wurde zum »bourgeoisen Überrest«; das Bestreben des Photographen, die Einmaligkeit des Porträtierten auszudrücken, wurde als unrealistisch und wenig verständlich angesehen. In stürmischen Diskussionen zwischen den »Realisten« und den »Formalisten« traten die aktuellen Fragen der Wahrhaftigkeit, der Konflikt zwischen Wirklichkeit und Stilisierung, das ewige Problem der naturgetreuen Form und der Schönheit in den Vordergrund. Langsam aber sicher erhielt das Porträt wieder eine eher repräsentierende als charakterisierende Funktion. Trotzdem blieben die hervorragenden Werke der Klassiker der russischen und sowjetischen Porträtphotographie – Mojsej Nappelbaum und Abram Schterenberg – erhalten; ebenso jene Arbeiten, die andeuten, wie Reporter – Max Alpert und Dmitrij Djebabow – an das Porträt herantraten, und gleichzeitig, wie Experimentatoren – Boris Ignatowitsch oder Alexandr Rodtschenko – verstanden wurden.

Es ist bis heute eine Galerie lebendiger Porträts von mehr oder minder bekannten, halb vergessenen und auch von der Erinnerung wiedererkannten Persönlichkeiten. Alle zusammen und gleichzeitig jede auf ihre Art konkretisieren sie die Gedanken, mit denen sie seinerzeit die moderne Geschichte formten.

**128.** ALEXANDR RODTSCHEN-
KO: Ossip Brik. 1924
*Ossip Brik (1888–1945),*
*Schriftsteller, Kritiker und*
*Theoretiker, war führender*
*Repräsentant des russischen*
*Futurismus und Gründungs-*
*mitglied der formalistischen*
*Gruppe »OPOYAZ«. Brik*
*half die Gruppe »LEF« zu for-*
*men und war Redakteur der*
*gleichnamigen Zeitschrift. Au-*
*tor des Drehbuchs zu Pudow-*
*kins »Sturm über Asien«*
*(1929).*

129. MOJSEJ NAPPEL-
BAUM: Wladimír Tatlin.
1934
*Wladimír Tatlin
(1885–1953), modernisti-
scher Maler, Bildhauer und
bildender Künstler für die
Industrie, gehörte zur
Gruppe der Primitivisten
und Kubisten, war geistiger
Führer des russischen Konstruktivismus.*

130. MOJSEJ NAPPEL-
BAUM: Der Dichter Sergej
Jesenin. 1924

131. MOJSEJ NAPPEL-
BAUM: Der Dichter
Alexandr Blok. 1921

132. MOJSEJ NAPPEL-
BAUM: Der Dichter Boris
Pasternak. 1930

133. MOJSEJ NAPPELBAUM:
W. I. Lenin, 31. 1. 1918
*Das erste Porträt W. I. Lenins als Staatsmann. Nappelbaum machte die Öffentlichkeit zum ersten Mal mit dem Gesicht des Gründers des Sowjetstaates bekannt. Das Photoporträt wurde von Hand zu Ende gezeichnet.*

134. MOJSEJ NAPPELBAUM:
Felix E. Dzerschinskij. 1919
*Felix E. Dzerschinskij (1877–1926), Berufsrevolutionär, war seit 1917 Vorsitzender der Allrussischen außerordentlichen Kommission für den Kampf gegen Konterrevolution, Spekulation und Sabotage.*

135. MOJSEJ NAPPELBAUM:
Anatolij W. Lunatscharskij.
1924
*Anatolij W. Lunatscharskij (1875–1933), Philosoph, Ästhetiker, Literaturwissenschaftler und Dramatiker, leitete als erster Volkskommissar für Erziehungswesen in den Jahren 1917 bis 1929 den Aufbau des Schulwesens und der Volkskultur.*

136. MOJSEJ NAPPELBAUM:
Der Schriftsteller Maxim Gorkij. 1928

137. MOJSEJ NAPPELBAUM: Konstantin S. Stanislawskij. 1934
*Konstantin S. Stanislawskij (1863–1938), Regisseur, Theaterpädagoge und Theoretiker, Mitbegründer des Moskauer künstlerischen Akademietheaters im Jahre 1898, das er bis zu seinem Tod leitete.*

138. MOJSEJ NAPPELBAUM: Sergej Eisenstein. 1934
*Sergej Eisenstein (1898–1948), Film- und Theaterregisseur, Theoretiker und Pädagoge, Klassiker der Weltkinematographie, Schöpfer des weltbekannten Films »Panzerkreuzer Potemkin«.*

139. MOJSEJ NAPPELBAUM: Die Dichterin
Anna Achmatowa. 1924

140. MOJSEJ NAPPELBAUM: Der französische Schriftsteller Henri Barbusse.
*Henri Barbusse (1873–1935), Verfasser des Antikriegsromans »Le Feu« (1916), führender Vorkämpfer für die Verbreitung der Kenntnisse über die nachrevolutionären Bestrebungen des Sowjetstaates und der Bemühungen um Anerkennung der UdSSR in der Welt.*

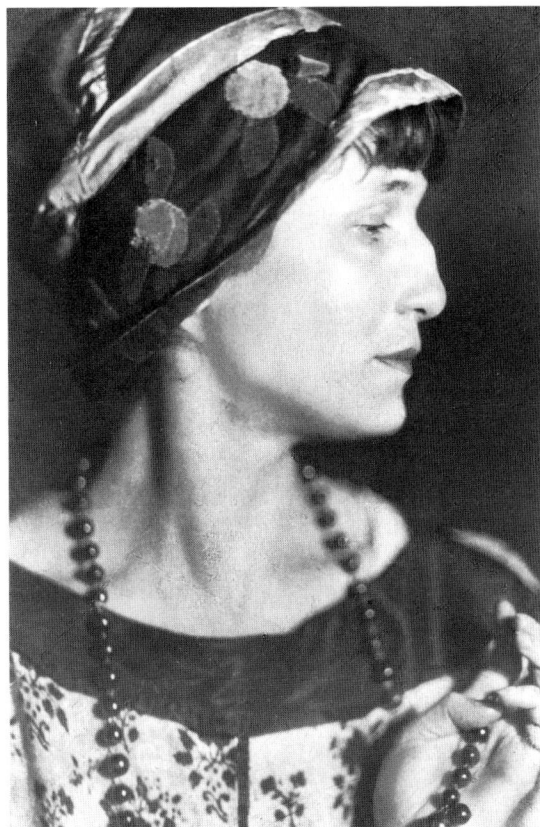

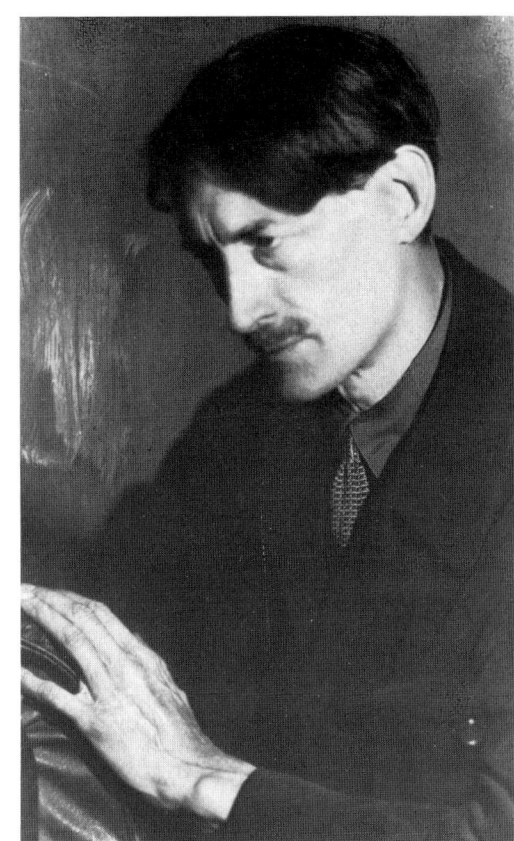

141. MOJSEJ NAPPELBAUM: Der Komponist Dmitrij Schostakowitsch. 1934

142. MOJSEJ NAPPELBAUM: Primaballerina Galina Ulanowa. 1935

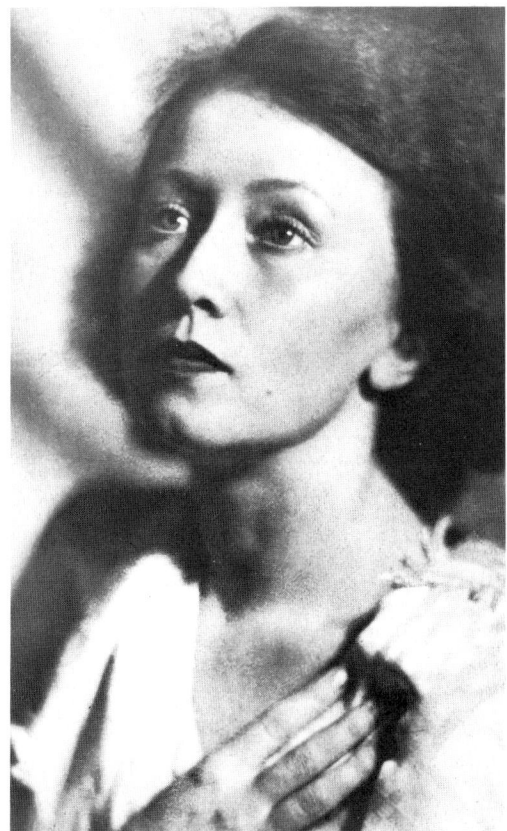

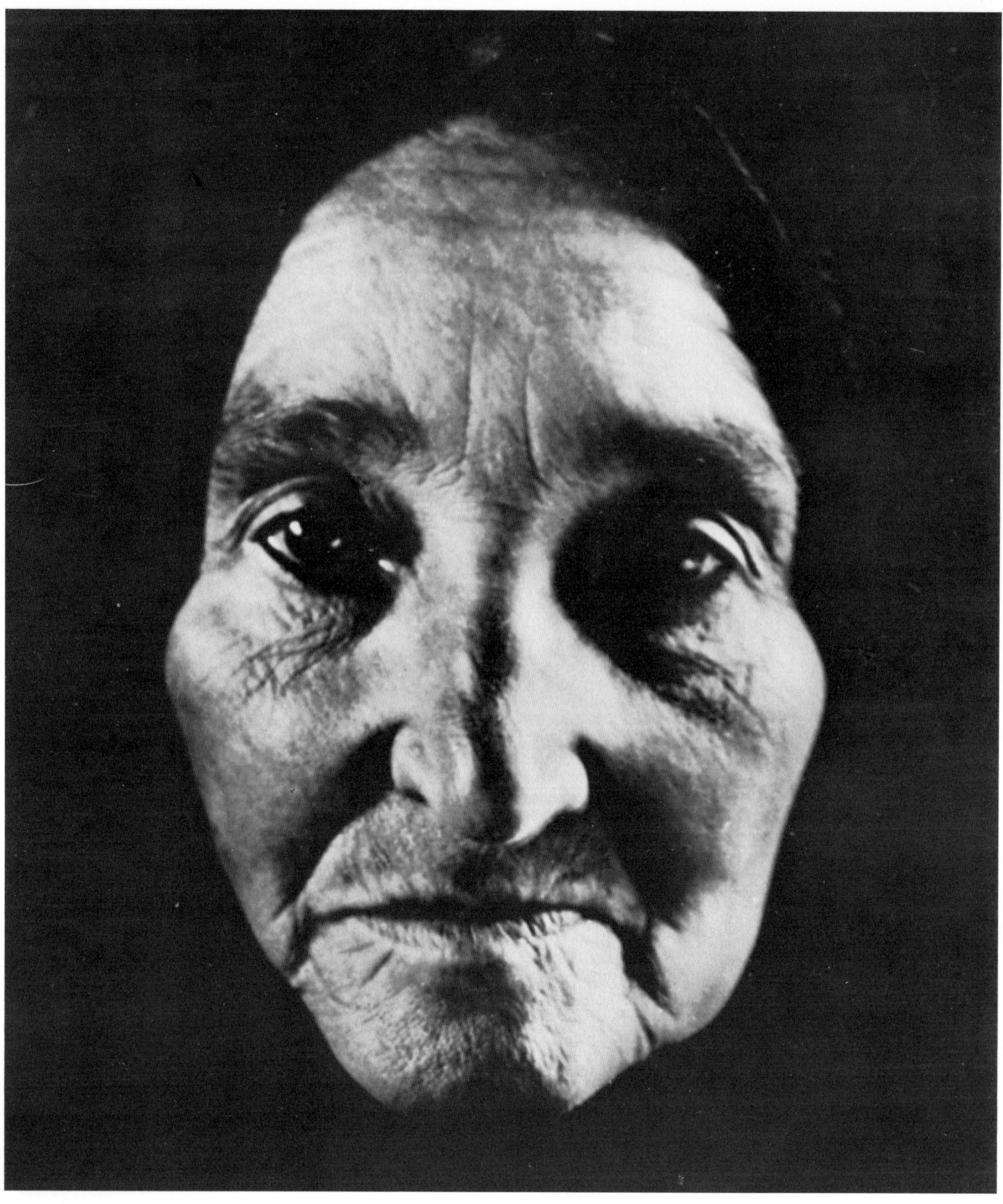

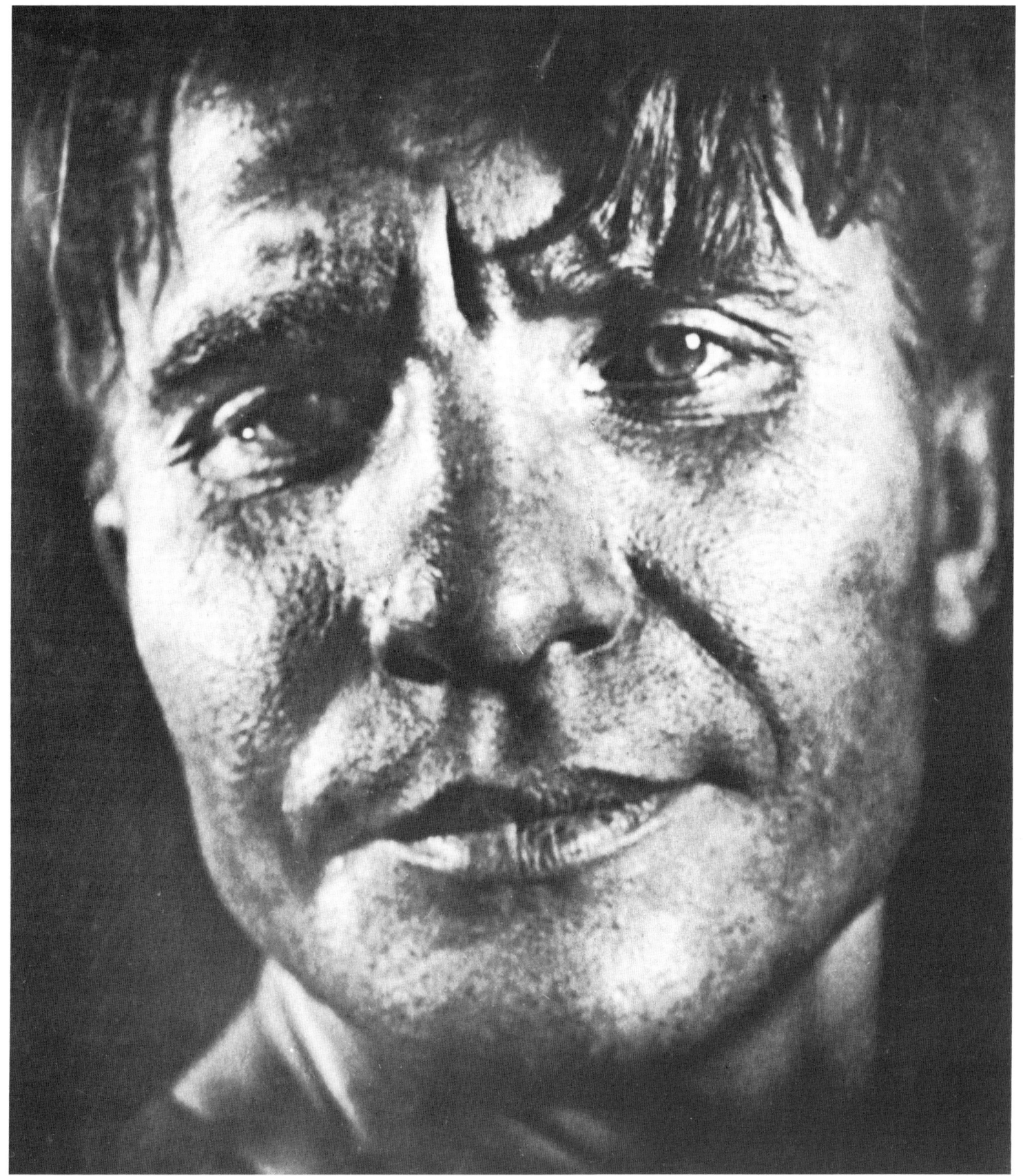

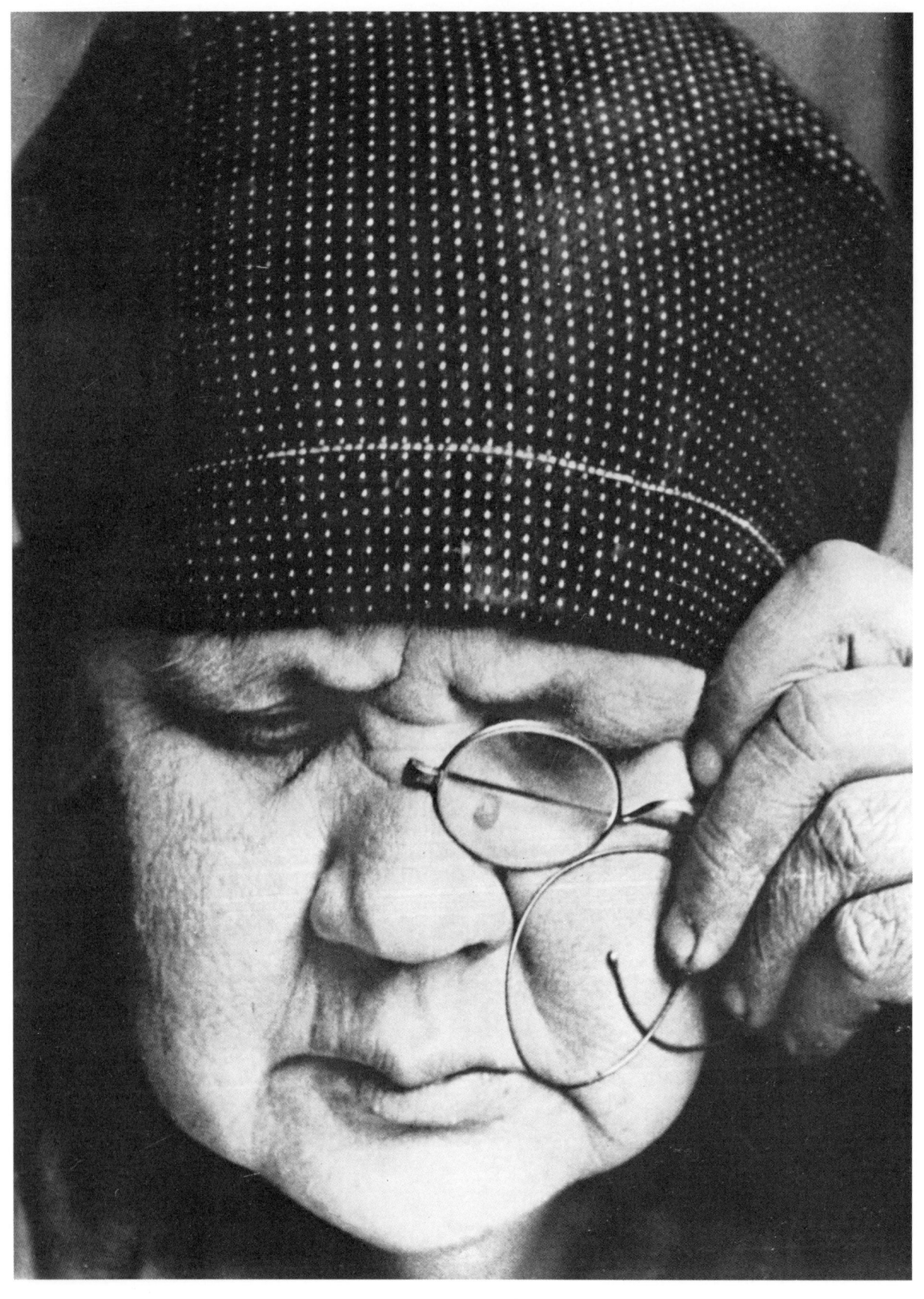

143. ABRAM SCHTEREN-
BERG: Wladimír Majakows-
kij. 1919

144. ABRAM SCHTEREN-
BERG: Der Maler W. Jere-
min. 1935

145. ABRAM SCHTEREN-
BERG: Mutter. 1926

146. ABRAM SCHTEREN-
BERG: Arbeiter. 1936

147. ALEXANDR RODT-
SCHENKO: Mutter. 1924

149. MAX ALPERT: Ankunft Maxim Gorkijs aus Italien. 1928

150. MAX ALPERT: Ankunft Maxim Gorkijs aus Italien. 1928

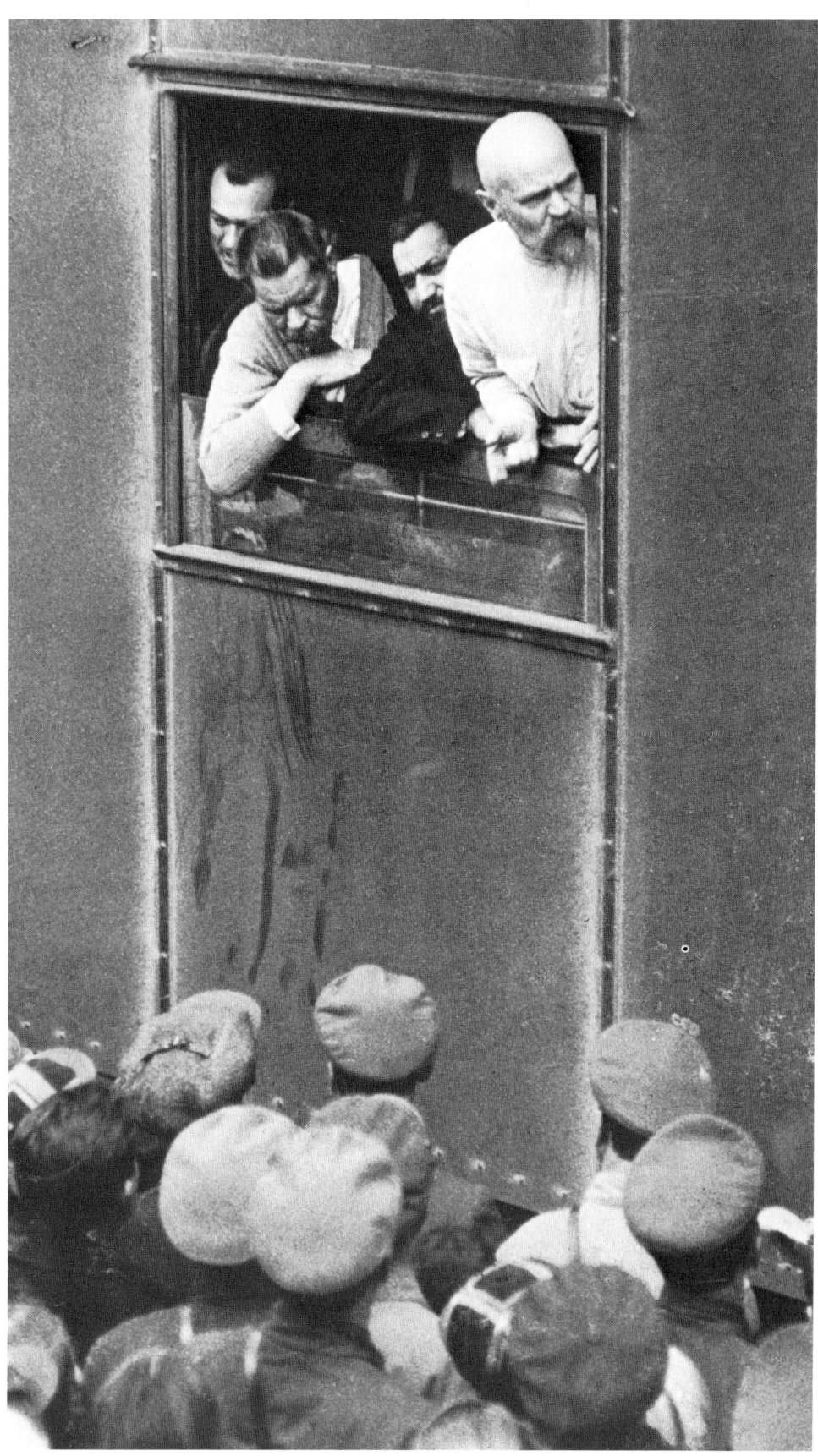

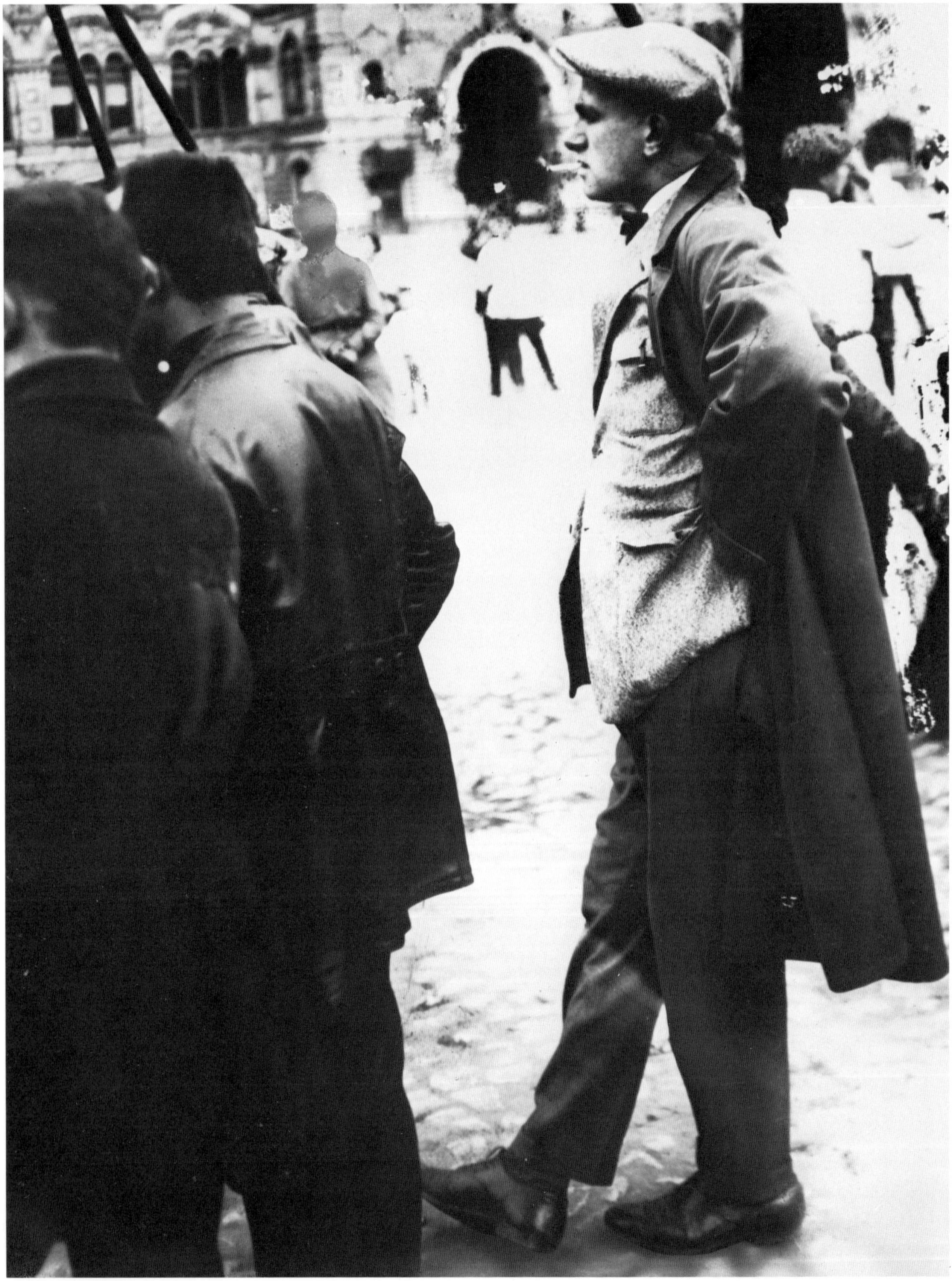

151. Boris Ignatowitsch: Wladimír Majakowskij. 1928

152. MAX ALPERT: Klara Zetkin und Sen Katajama am Roten Platz, Moskau. 1925

153. DMITRIJ DJEBABOW: Wsewolod Pudowkin. 1926
*Wsewolod Pudowkin (1893–1953),
bedeutender Filmschauspieler, Regisseur, Theoretiker, bei der Arbeit
am Film »Mutter« nach dem Roman
von Maxim Gorkij.*

# VIII. Expeditionen und Entdeckungen

Im Jahre 1928 rettete der sowjetische Eisbrecher »Krassin« die Besatzung des Luftschiffes »Italia« des italienischen Generals Umberto Nobile; es war beim Flug zum Nordpol gestrandet. Dadurch erfuhr die Welt zum ersten Mal, daß die Sowjetunion neben dem Programm des wirtschaftlichen Aufbaus nicht nur die wenig bekannten Randgebiete ihres Territoriums intensiv erforschte, sondern auch in weiter entfernte Regionen – besonders im Norden – vorzudringen versuchte.

Die Dreißigerjahre standen im Zeichen wissenschaftlicher Expeditionen und Fernflüge, der Bemühungen, Kamtschatka, das Pamir-Gebirge, das Ostsibirische Meer, die Tschuktschensee und andere Meere bis zur Wrangell-Insel zu durchforschen. In der Presse wurden diese Bemühungen von der Öffentlichkeit aufmerksam verfolgt. Der Photograph Dmitrij Djebabow gewöhnte sich fast im hohen Norden ein. Er und seine Frau Margita nahmen an der mehrjährigen Erforschung einer Nördlichen Eismeerstraße teil, auf der die Möglichkeit erkundet wurde, die europäischen Sowjethäfen mit den fernöstlichen zu verbinden und durch Regionen mit ewigem Eis bis nach Amerika vorzudringen. Das Interesse am Nordpol krönte der Polarforscher I. D. Papanin mit Erfolg. Viktor Tomin photographierte ihn im Jahre 1938, als er auf einer schwimmenden Eisscholle mit der Station »Severní pól I« (»Nordpol I«) 2050 km zurücklegte und die Voraussetzungen für eine ganze Serie ähnlicher Versuche schuf. Sie konnten allerdings erst nach dem Ende der Zweiten Weltkrieges fortgesetzt werden.

Die Erforschung des Nordens, der entlegenen Regionen des Fernen Ostens und besonders die Fernflüge über den Nordpol nach Amerika hatten im Hinblick auf den sich nähernden kriegerischen Konflikt strategische Bedeutung. All das dokumentiert aber auch das Bestreben der Sowjetunion, ihre wissenschaftliche Entwicklung und den erreichten Fortschritt auch international zu beweisen. Das gelingt durch die nachhaltigen Einsätze der Photographie.

In dieser Zeit registriert sie aber schon die ersten kriegerischen Konflikte im Fernen Osten und im Norden des Landes. Düstere Vorzeichen des Zweiten Weltkrieges, der kurz darauf über Sowjetrußland hereinbricht. Dieser Krieg bedeutet für die Sowjetunion historische Wende seiner weiteren Entwicklung.

155. JAKOW CHALIP: Baltische Flotte. 1936
*Das Photo entstand nach einer Kompositionszeichnung von Alexandr Rodtschenko.*

156. DMITRIJ DJEBABOW: Der Eisbrecher »J. Stalin« am 88. Grad nördlicher Breite. 1939
*In der zweiten Hälfte der Dreißigerjahre bemühten sich die sowjetischen Polarforscher, das ewige Eis auf der sogenannten Nordostpassage zu durchbrechen, die eine Verbindung zwischen dem Norden der UdSSR und den USA ermöglichte. Der Photograph Dmitrij Djebabow nahm ständig an diesen Pionierfahrten teil, die – wie sich später zeigte – im Kriegsfall auch strategische Bedeutung hatten.*

157. Dmitrij Djebabow: Der Eisbrecher »Krassin« in der Arktis. 1936
*Der Eisbrecher »Krassin« wurde durch die Rettung der gescheiterten Expedition des italienischen Generals Umberto Nobile bekannt, der 1928 den Nordpol mit einem Luftschiff erreichen wollte.*

158. Dmitrij Djebabow: Die Besatzung des Eisbrechers »Krassin«. 1936
*Die Besatzung macht einem Schiff den Weg frei, das in der Tschuktschensee von acht Meter dicken Eisschollen eingeschlossen war.*

159. Dmitrij Djebabow: Die Besatzung des Eisbrechers »Krassin«. 1936
*Die Polarforscher gewinnen Trinkwasser aus einem Gletscher.*

160. Dmitrij Djebabow: Begegnung der Eisbrecher »J. Stalin« und »G. Sedow« am 82. Grad
nördlicher Breite i. 1939
*Der Eisbrecher »Stalin« suchte zwei Jahre, ehe er den im Eis eingeschlossenen Eisbrecher
»G. Sedow« fand. In den Jahren 1937–1940 sammelte »G. Sedow« wertvolle Erkenntnisse über
Gewässer und klimatische Verhältnisse in den höheren Breiten des Nördlichen Eismeeres.*

161. GALINA SANJKO: Auf der Walfang-Station, Aleuten.
1935

162. GALINA SANJKO: Fischfang auf Kamtschatka. 1935

163. GALINA SANJKO: Zwei Generationen. 1936

164. MAX ALPERT: Dschigitische Reiterin. 1936

165. ARKADIJ SCHAJCHET: Auf dem Weg ins Pamir-Gebirge. 1937–1938

166. Iwan Schagin: Der Strato-
sphärenballon »SSSR« vor dem
Start. 1936

167. VIKTOR ŤOMIN: Bajdukow, Tschkalow und Beljakow, die Besatzung des sowjetischen Flugzeugs, die einen Fernflug über den Nordpol nach Amerika unternahm. 1936–1937
*Der Flug von Moskau nach Vancouver fand vom 18. bis 20. Juli 1937 statt. Die Entfernung von 12 000 km wurde in 63 Stunden, 25 Minuten zurückgelegt.*

169. ALEXANDR USTINOW: Die weibliche Besatzung des Großflugzeugs »Rodina«.
Die Fliegerinnen Ossipenko, Grisodudowa und Raskowa unternahmen einen Fernflug ohne
Zwischenlandung von Moskau in den Fernen Osten und zurück.

172. Viktor Tomin: Die sowjetische Fahne am Cassan-
See. 1938
*Vom 29. 7. bis 11. 8. 1938 fielen
japanische Truppen an der Kü-
ste des Fernen Ostens in sowjetisches Territorium ein. Der
Konflikt endete mit dem Sieg
der sowjetischen Streitkräfte.*

173. VIKTOR ŤOMIN: Die sowjetische Fahne am Fluß
Chalchyn-Gol. 1939
*Die Rote Armee griff auch in
die Kämpfe mit den Japanern
an der Grenze der Mandschurei und der Mongolischen
Volksrepublik ein, mit der die
Sowjetunion am 12. 3. 1936 einen Vertrag über gegenseitige
Hilfeleistung geschlossen hatte. Die Kämpfe dauerten vom
28. 5. bis 15. 9. Die Niederlage
der Japaner vereitelte ihre Pläne, die Sowjetunion im Fernen
Osten in einen großen Krieg
hineinzuziehen. Der Photoreporter Viktor Ťomin flog
gleich zu Beginn der japani-
schen Invasion mit einem
Bombengeschwader in den
Fernen Osten und brachte als
einziger der sowjetischen Journalisten Bildmaterial über diesen Konflikt mit.*

174. Viktor Ťomin: Die sowjetische Fahne auf den zerschlagenen Bunkern der finnischen Mannerheim-Linie.
1940
*Der starke Befestigungsgürtel – erbaut von 1929–1939 entlang der ehemaligen finnisch-sowjetischen Grenze – wurde während des finnisch-sowjetischen Krieges (30. 11. 1939 bis 12. 3. 1940) von sowjetischen Truppen durchbrochen.*

1755. MAX ALPERT: Josef Wissarionowitsch Stalin. 1939. Stalin (1879–1953) wurde nach Lenins Tod im Jahre 1924 zum unumschränkten Beherrscher der Sowjetmacht. Nach dem deutschen Angriff auf die Sowjetunion im Juni 1941 war er neben Roosevelt und Churchill einer der großen Drei in der Koalition (Sowjetunion – USA – Großbritannien) gegen Hitler. Bis zu seinem Tode 1953 wurde er in einem maßlosen Personenkult als Idol der kommunistischen Welt gefeiert, bis die Enthüllungen über seine Gewaltherrschaft auf dem XX. Parteikongreß der KPdSU den Prozeß der »Entstalinisierung« einleiteten.

# Die Autoren der Photographien

*Alpert, Max Wladimiriwitsch (1899–?)*
Begann im Jahre 1924 zu publizieren, stand an der Wiege des sowjetischen Photojournalismus. Mit seinen Generationsgenossen A. Schajchet, G. Petrusow, S. Fridljand u. a. knüpfte er bei den vorrevolutionären und revolutionären russischen Dokumentaristen und Journalisten an. Alpert war Mitautor einer der ersten photographischen Bildgeschichten »24 Stunden der Familie Filippow«. In den Zwanziger- und Dreißigerjahren photographierte er bedeutende Industriebauten, die im Laufe der ersten wirtschaftlichen Fünfjahrespläne im ganzen Land entstanden. Alpert arbeitete beim Zentralorgan »Prawda« (Tageszeitung), bei der illustrierten Zeitschrift »SSSR na strojke«, die auf Anregung von Maxim Gorkij entstand und deren Aufgabe die Propagierung der UdSSR im Ausland war. Während des Zweiten Weltkriegs Korrespondent der TASS, wurde Alpert nach dem Krieg Reporter des »Sowinformbyro« (Sowjetisches Amt für Information) und der Agentur »Nowosti« (APN). Mit seinem umfangreichen und thematisch heterogenen Lebenswerk erfaßte er mehr als fünfzig Jahre der Entwicklung der Sowjetunion und wurde deshalb ihr Chronist genannt. Alpert brachte es zuwege, das soziale Anliegen, das sich aus der neuen gesellschaftlichen Realität ergab, mit Geschmack den aktuellen Bedürfnissen der Agitation und Propaganda unterzuordnen. Er nahm beispielhaft teil an der Formung der journalistischen Photographie als Instrument der Erziehung und der politischen Einwirkung auf die breiten Massen. Obwohl Alpert seine Ausdrucksmittel ständig weiterentwickelte, liegt seine grundlegende Bedeutung für die Photographie in der Ära der Industrialisierung des Landes der Dreißigerjahre.

*Bulla, Karl Karlowitsch (1853–1929)*
Der Abstammung nach Deutscher, lange vor der Oktoberrevolution in Rußland ansässig. Er gilt als Begründer der Photoreportage in Rußland. Mit seinen Söhnen Alexander und Viktor und dem Enkel Jurij repräsentierte er eine ganze Dynastie russischer Photographen. Bulla richtete sein Atelier am Njewskij-Prospekt in Petersburg speziell für die Illustrationsphotographie für Zeitschriften ein und stattete es so aus, daß er unter allen Bedingungen, abends auch mit künstlichem Licht, arbeiten konnte. Lange Jahre versorgte er mit seiner täglichen Bildberichterstattung die bedeutendsten Zeitschriften Europas, besonders in Deutschland und Frankreich (z. B. »Die Woche«, »Illustrierte Zeitung«, »Illustration«). Das umfangreiche Photoarchiv der Familie Bulla enthält Hunderttausende von Negativen. In Rußland gab es praktisch kein Ereignis, das nicht eines der Familienmitglieder festgehalten hätte. Karl Bulla war Photograph am Zarenhof, seine Bildberichte aus dem Milieu der höheren Gesellschaft waren in der Welt sehr gefragt. Der Sohn Alexander

(1881–1943) erhielt seine photographische Ausbildung in Deutschland. Nach seiner Rückkehr nach Petersburg i. J. 1909 spezialisierte er sich auf die Atelierphotographie und wurde ein bedeutender Porträtist. Doch es zog ihn zur Photoreportage. Einen Monat nach Kriegsausbruch 1914 fuhr Alexander als Kriegsberichterstatter der Zeitschrift »Solnce Rosii« (»Sonne Rußlands«) an die Front. Seine fruchtbarste Zeit nach der Oktoberrevolution 1917 waren die fünf Jahre 1922–1927.

Der jüngere Sohn Viktor (1883–1944) war schon mit 21 Jahren Frontberichterstatter im Russisch-Japanischen Krieg. 1903 fuhr Viktor als Korrespondent der Zeitschrift »Niva« in den Fernen Osten und verbrachte dort volle zwei Jahre. Er photographierte die Kämpfe in vorderster Linie. Er bewegte sich zu Pferd und arbeitete daher ohne Stativ, direkt aus der Hand. Viktors Bilder von den Greueln des Krieges wurden auch im Ausland publiziert. Später wurde er Kameramann beim Film und gründete ein Dokumentar- und Spielfilmstudio. Viktor Bulla machte sich einen Namen als bedeutender Chronist der revolutionären Ereignisse in Petersburg 1917.

*Brodskij, Isaak Israilewitsch (1884–1939)*
Maler, Grafiker und Karikaturist. Schüler Rjepins, beteiligte sich an den Ausstellungen der Peredwischniks, des Ausstellungsvereins russischer Maler und Grafiker (»Tovariščestvo peredvižnych chudožestvennych vystavok«, 1870–1923). Nach der Oktoberrevolution widmete sich Brodskij hauptsächlich der monumentalen Malerei. Er porträtierte W. I. Lenin (»Lenin und die Manifestation« 1919, »Lenin im Smolnij-Institut«, 1930) und bedeutende Mitglieder der kommunistischen Partei. Er arbeitete an umfangreichen Figuralkompositionen mit Themen aus der Geschichte der Revolution. Das Porträt A. M. Rodtschenkos entstand wahrscheinlich durch Zufall bei Film-Außenaufnahmen. Es ist nicht ausgeschlossen, daß der Maler sich für seine Studienarbeit der Photographie bediente. Die Qualität des Bildes und seine Ausführung deuten darauf hin.

*Chalip, Jakow Nikolajewitsch (1908–?)*
Chalip stammt aus Petersburg. In Moskau absolvierte er das VGIK (Allunions-staatliches Institut für Kinematographie). Bereits 1926 publizierte er in den Zeitschriften »Sovětskij ekran« und »Sovětskoje foto«, den Fachblättern für Film und Photographie. Ab 1927 war er als Photograph und Kameramann an der Seite des hervorragenden Filmregisseurs Wsewolod Pudowkin tätig. Seine Lehrer in Photographie waren A. Rodtschenko und der bedeutende vorrevolutionäre Landschaftsphotograph Jurij Jeremin. Chalip arbeitete mit Rodtschenko zusammen an seinen Plakaten und photographierte auch nach dieser Kompositionsentwürfen. Chalips Arbeiten aus dieser

Zeit verraten den großen Einfluß: Sie zeichnen sich aus durch vollendete Form; das große Detail und der ungewöhnlich steile Aufnahmewinkel kommen zur Geltung. Ab 1929 war Chalip Reporter der Zeitschrift »SSSR na strojke«. Die Redaktion schickte ihn auf die beliebten Forschungsreisen. Er beteiligte sich auch an jener Nordpolexpedition, die die gescheiterte, schon legendäre Expedition des Polarforschers Papanin gerettet hat. Während des Zweiten Weltkriegs war Chalip Photoreporter der Heereszeitung »Krasnaja Zvezda« und nahm an den Kämpfen an neun Fronten teil. Nach dem Krieg knüpfte Chalip an seine thematisch mit dem industriellen Aufbau des Landes verbundenen Reportagen an. Doch wie in den Dreißigerjahren blieb er auch jetzt im Schatten der bedeutenderen Reporter.

*Djebabow, Dmitrij Georgijewitsch (1900–1949)*
Stammte aus einer Arbeiterfamilie, ursprünglich gelernter Dreher. Er widmete sich der Malerei und Photographie. Am Ende der Zwanzigerjahre begann er zu publizieren und wurde schnell in der Öffentlichkeit bekannt. Großen Anteil an seiner Entwicklung hatte die kulturellbildende Organisation der Arbeiter »Proletkult«. Ab 1921 besuchte Djebabow ihr Theaterstudio, wo er die später bedeutenden Filmregisseure Sergej Eisenstein und Grigorij Kosincew kennenlernte. Auf Anraten Eisensteins studierte Djebabow die Fächer Regie und Kameramann an der Hochschule für Kinematographie VGIK in Moskau; er assistierte ihm auch bei den Dreharbeiten zum Film »Streik« i. J. 1924. In den Dreißigerjahren begleitete Djebabow als Photograph einige Expeditionen in den hohen Norden. Er fuhr mit den Besatzungen der Eisbrecher »Krassin«, »Sedow« und »Litke« durch Gebiete mit ewigem Eis; er dokumentierte die Begegnung der Schiffe »Stalin« und »Sedow«, nachdem der Eisbrecher »Sedow« von Eisschollen eingeschlossen und mit ihnen ins Nördliche Eismeer abgetrieben worden war. Djebabow flog, fuhr, legte per Schiff und zu Fuß an die dreihunderttausend Kilometer vor allem in den nördlichen Regionen der UdSSR zurück. Sein Archiv umfaßte schon vor dem Zweiten Weltkrieg gegen hunderttausend Negative. Einen bedeutenden Platz in seinen umfangreichen Arbeiten nimmt das sogenannte »Expeditions-Genre« ein; jene beliebte Thematik der Dreißigerjahre, die der Öffentlichkeit entfernte Gebiete des Landes, Polarexpeditionen und Entdeckungsreisen näherbrachte. Der hohe Norden wurde für Djebabow gewissermaßen zur Heimat, da er sich hier mit seiner Frau Margarita aufhielt und auch während des Zweiten Weltkriegs bei der Erkundung einer Nördlichen Eismeerstraße nach Amerika tätig war. Auf der Internationalen Photoausstellung 1939 in Paris kaufte Präsident Roosevelt Djebabows Photographie »Polarnacht«; sie schmückte seitdem sein Arbeitszim-

**Doom, Alexandr Fedorowitsch (1886–1936)**

Photograph und Kameramann, einer der Hauptphotographen der Revolution 1917. Er arbeitete in der Moskauer Filiale des Skobelewskischen Ausschusses für Bildinformation, wirkte aber auch in Petersburg. Im Jahre 1918 begann er in Moskau die Serien der Film-Wochenschauen »Kinonedelja« (»Die Woche im Film«) und später »Kinoprawda« (»Film-Wahrheit«) zu schaffen. Eine Ausgabe war ganz der Allunions-landwirtschaftlichen Ausstellung 1923 gewidmet, in der die Kritik auch »wunderschöne Aufnahmen des Film-Kameramanns A. F. Doom« hervorhob. Die meisten Arbeiten dieses Chronisten der revolutionären Ereignisse in Moskau blieben nicht erhalten. Zur Verfügung stehen nur einige Bilder, die noch vor dem Zweiten Weltkrieg in Privatbesitz kamen oder Staatseigentum wurden. Als Angehöriger der Roten Armee photographierte Doom in den Jahren 1918–1920 auch an den Fronten des Bürgerkriegs und nahm die Niederlage der weißgardistischen Abteilungen in der Ukraine auf. 1919 ging er zur Leitung der Agitations- und Lehrbahnzüge und -dampfer beim WCIK (Allunions-Zentralinstitut der Kinematographie) und nahm an den Fahrten des Eisenbahnzuges »Krasnyj Wostok« (»Roter Osten«) und des Dampfers »Krasnaja Zwezda« (»Roter Stern«) teil. Dem Naturell nach war Doom Dokumentarist, pflegte aber auch die gehobene Photographie, das reportageartige Porträt. Später kehrte er für immer zur Filmarbeit zurück. Im Jahre 1924 organisierte er die ARRK (Assoziation der revolutionären Kinematographie) und wurde selbst Autor vieler Kultur- und Lehrfilme.

**Fridljand, Semjon Ossipowitsch (1905–1964)**

Er wurde in Kiew in der Ukraine geboren, arbeitete seit seinem 14. Lebensjahr in einer Schusterwerkstatt. Zweifellos wäre er Handwerker geblieben, hätte nicht sein Cousin Michail Kolzow, Chefredakteur der ersten sowjetischen illustrierten Wochenzeitung »Ogonjok«, in sein Leben eingegriffen. Er lud Fridljand nach Moskau ein und hielt ihn an, photographieren zu lernen. Im Jahre 1923 nahm Fridljand zum ersten Mal in seinem Leben einen Photoapparat in die Hand. In der Redaktion des »Ogonjok« ging Fridljand den komplizierten Weg vom Anfänger bis zum Leiter der Abteilung Bildberichterstattung. Er bevorzugte das soziale Genre. Bei der Arbeit als Reporter machte er sich als einer der Ersten Gedanken über Bedeutung und Funktion größerer, thematisch einheitlicher Bildkomplexe. Im Unterschied zur überwiegenden Mehrheit der anderen Photographen hat Fridljand auch über die allgemeinen Fragen der Photographie nachgedacht und häufig darüber geschrieben. Ihm wurde klar, daß das spezifische Wesen der Photographie in ihrer Fähigkeit liegt zu dokumentieren; er hielt aber auch die formale Seite, den Aufbau des Bildes, für sehr wichtig. Eine Zeitlang war Fridljand vom ästhetisch-konstruktiven Bildaufbau eingenommen, der er treffend entwickelte. Sein Reportage-Porträt eines jungen, gefangenen deutschen Soldaten gehört zu den eindrucksvollsten Photographien des Zweiten Weltkriegs. Die Menschlichkeit von Fridljands Sicht, seine Unvoreingenommenheit und das seltene Verständnis für das vor der Gesellschaft festgelegte Tun des Einzelnen – das sind die konstanten Werte seiner Arbeit, mit der er tief auf das Bewußtsein des Men-

**Goldschtejn, Grigorij Petrowitsch (1870–1944)**

Ursprünglich seit 1907 Zeichner bei der Moskauer Zeitung »Utro« (»Der Morgen«). Ihr Kontakt mit der Photographie kam er als Retuscheur bei der Zeitung. Nach und nach gewöhnte er sich an, statt des Skizzenblocks die Photographie als schnelles Mittel der Konzipierung einer geplanten Illustrationszeichnung zu verwenden. So wurde aus dem Zeichner ein Bildberichterstatter. Ab 1915 war Goldschtejn Photoreporter der Moskauer Zeitung »Rannee utro« (»Frühmorgens«). Interessant ist, daß Goldschtejn bei seiner Arbeit eine stereoskopische Kamera verwendete; er hatte sie so eingerichtet, daß er abwechselnd und voneinander unabhängig mit dem rechten und linken Objektiv exponieren konnte. Dadurch, daß er nicht bei jedem Bild die Platte wechseln mußte, er reichte er eine schnelle Aufnahmebereitschaft; eine Kassette genügte ihm für zwei Aufnahmen. Schöpferisches Können und die langjährige Erfahrung des Illustrators ermöglichten es ihm, eine Situation ausgeprägt zu motivieren, die er trotz der technischen Unvollkommenheit seiner Ausrüstung zumeist dynamisch dargestellt hat. Mit der Gründlichkeit des Chronisten verfolgte er den Ablauf der Oktoberrevolution in den Moskauer Straßen. Diese Bilder sind größtenteils unbekannt, denn sie wurden nie im Original publiziert. Eine Auswahl veröffentlichte das Wochenblatt »Krasnaja Niwa« (»Rote Niwa«) Nr. 44, 1923. Gemeinsam mit den Dokumentaristen A. A. Sawjelow und A. Doom bildete Goldschtejn ein eng zusammenarbeitendes, unzertrennliches Trio photographierender Chronisten des Lebens im revolutionären und nachrevolutionären Moskau. Im Sommer 1919 beteiligte sich Goldschtejn an der Fahrt des Agitationsdampfers »Krasnaja Zwezda« auf der Wolga und Kama. 1924 arbeitete er mit dem Regisseur Eisenstein an seinem ersten Film »Statschka« (»Streik«).

**Ignatowitsch, Boris Wsewolodowitsch (1899–1976)**

Ursprünglich schreibender Journalist. Im Jahre 1923 war er Redakteur der Moskauer Zeitschrift »Gornjak« (»Der Bergmann«) und arbeitete eng mit dem Dichter W. Majakowskij zusammen. 1922–1923 leitete er in Leningrad (Petersburg) humoristische Zeitschriften. 1923 begann Ignatowitsch zu photographieren, zunächst mit einem ausgeborgten Apparat. Doch schon ab 1926 arbeitete er als Photograph mit einer Reihe von Zeitschriften zusammen (»Ogonjok«, »Proschektor«/»Projektor«/, »Krasnaja Niwa«, »Bednota«/»Armut«/). Ignatowitsch konzentrierte sich vor allem auf das Thema »Dorf«, wobei ihn die neuen Veränderungen des traditionellen Lebens in der Ukraine fesselten. In diesen Photographien erfaßte er eines der wichtigsten gesellschaftlichen Probleme des sowjetischen Rußland. Auf den Photographen Ignatowitsch hatte A. Rodtschenko unbestreitbar großen Einfluß. Ebenso wie er setzte Ignatowitsch novatorische Formen, den ungewöhnlichen Blick auf neue Dinge, den Hinweis auf das Besondere des Alltäglichen durch. Außer der persönlichen Freundschaft verband Ignatowitsch und Rodtschenko die enge Zusammenarbeit an der Spitze der bildnerischen Gruppe »Oktjabr«, die im April 1932 durch den Beschluß »Über den Umbau der literarisch-künstlerischen Organisationen« aufgelöst wurde. Nach Ausschluß Rodtschenkos im Jahre 1928 wegen Formalis-

mus übernahm Ignatowitsch die Leitung der Gruppe. Später wurde auch er wegen Formalismus kritisiert; auch sein Neuerertum am Ende der Zwanziger- und Anfang der Dreißigerjahre hat man lange nicht verstanden. Mit Rodtschenko gemeinsam hatte Ignatowitsch die Vorliebe für großes Detail und steile Winkel der Einstellung beim Porträtieren von Personen, offensichtlich wirkte auch der Einfluß des Films mit; darum sich Ignatowitsch seit Beginn der Dreißigerjahre auch aktiv als Kameramann beschäftigte. Unterschiedlich dagegen war ihr Zugang zum Objekt. Rodtschenko war Konstrukteur des photographischen Bildes; Ignatowitsch dagegen bewahrte sich die Unmittelbarkeit des Reporters. Seit der Entstehung der Bildzeitschrift »SSSR na strojke« war Ignatowitsch Rodtschenkos Mitarbeiter. Im Zweiten Weltkrieg wurde Ignatowitsch der Frontzeitung der 350. Armee »Bojewoje Znamja« (»Banner des Kampfes«) als Reporter zugeteilt. Ignatowitschs Kriegsbilder gehörten noch zum Besten, das dies sowjetischen Photoreportage in diesem Zeitabschnitt geschaffen hat. Später verfiel Ignatowitsch ohne innere Motivation mehr und mehr dem Schematismus und oberflächlichen Optimismus.

**Ignatowitsch, Jelizaweta Alexandrowna (??)**

Frau von Boris Ignatowitsch. Sie und ihre Schwester Olga Wsewolodowna Ignatowitsch waren Mitglieder des Arbeitskollektivs der Photographen unter Leitung von Boris Ignatowitsch. Nach der Gepflogenheit der Zeit, die zur Unterdrückung jedweder Individualität führte, signierten sie ihre Arbeiten gemeinsam mit »Brigade des Boris Ignatowitsch«. Sie publizierten und stellten schon in der ersten ukrainischen Ausstellung 1936 gemeinsam aus. Bei dieser Gelegenheit warf Rodtschenko in der Ausstellungskritik (»Sowjetskoje foto«, 1936, Nr. 44-55, S. 119) Jelizaweta Ignatowitsch schöpferische Unselbständigkeit und Abhängigkeit von ihrem Lehrer und Leiter des Kollektives vor. Die stilistische Verwandtschaft ihrer Arbeiten ist tatsächlich derart groß, daß sie zur Verwechslung der Autoren führen kann. Die schöpferische Entwicklung Jelizawetas führte vom gehobenen Bild zum Porträt. Vor allem unter dem Einfluß A. Rodtschenkos wandte sie das große Detail an; es bot die Möglichkeit, einen gesteigerten Ausdruck zur Geltung zu bringen.

**Kobozew, Iwan Semenowitsch (1893–??)**

Militärphotograph und Film-Kameramann, arbeitete im Skobelewskischen Ausschuß des Kriegsministeriums. Er photographierte für sein Verlagsorgan und war Kameramann des Nachrichtenfilms »Swobodnaja Rossija« (»Freies Rußland«). Dank seiner militärischen Uniform und seiner etwas exklusiven Stellung gelangte er zu Themen, die gewöhnlichen Sterblichen in der Regel verborgen blieben. Für die revolutionären Kräfte, mit denen er als Kommunist sympathisierte, – Kobozew trat im April 1917 in die Partei ein – war er nicht einmal ein wertvoller Zeuge der Kämpfe um die Macht. So z.B. als Kobozew kurz vor dem Angriff der Revolutionäre auf das Winterpalais in Petersburg unter dem Vorwand, einen Nachrichtenfilm zu Gunsten der Provisorischen Regierung vorzubereiten, durch die militärische Absperrung drang, um die Fähigkeit zur Verteidigung des Winterpalais und die militärische Stärke des Feindes festzustellen. Nach der Revolution fuhr Kobozew in einer Sondermission nach Moskau und war dann bis 1921 an den verschiedensten Schauplätzen des Bürgerkrieges zu finden. Später leitete er ökonomisch und administrativ die Photo- und Filmabteilung des Volkskommissariats für Kultur RSFSR; ab

1924 wurde Kobozew Direktor der Ersten Filmproduktion. Er organisierte den Dokumentarfilm über das Begräbnis Lenins; an diesem Film waren 17 Kameramänner beteiligt. Kobozew arbeitete in der staatlichen Kommission, deren Aufgabe es war, alles Photo- und Filmmaterial zu sammeln und zu bestimmen, das Lenins Leben betraf. In der Anthologie des Verlages Mysl veröffentlichte er 1967 seine Erinnerungen an die Tätigkeit als Photograph der revolutionären Ereignisse in Petersburg. Seit Anfang der Siebzigerjahre lebt Kobozew in Pension in Moskau.

*Kubesch, K. (?)*
Dem Namen nach Tscheche. Er war in Rußland ansässig oder hielt sich hier während des Ersten Weltkrieges auf. Nähere biographische Angaben sind nicht bekannt.

*Lipskerow, Georgij Abramowitsch (1896–1977)*
Aktiver Sportler. Er stammte aus der Familie eines vorrevolutionären, fortschrittlich orientierten Moskauer Journalisten und Herausgebers. Lipskerow photographierte Sportereignisse für die Presse, und die Sportreportage blieb lange Jahre sein bevorzugtes Interessengebiet. In den Dreißigerjahren arbeitete er als Reporter der TASS. Für seine Bilder mit sportlichen Themen erhielt Lipskerow eine Reihe wertvoller, auch ausländischer Preise, z. B. die Silbermedaille für das Bild »Der Achter« auf der Internationalen Ausstellung in Prag. In der Zeit der journalistischen Expansion in die Randgebiete der UdSSR begab sich auch Lipskerow ins Pamir-Gebirge und nach Kamtschatka. Er versuchte sich im landschaftlichen und sozialen Genre, doch ohne durchschlagenden Erfolg. Seine Haupttätigkeit konzentrierte sich auch weiterhin auf die Bildreportage zumeist aktuellen Charakters und auf die Dokumentarreportage. Lipskerow war der Typ des Photographen, der kein bedeutendes Ereignis versäumt und es photographisch auszuwerten versteht. Bei Ausbruch des Zweiten Weltkrieges trat Lipskerow als Fünfzigjähriger in die Armeezeitung ein. Er hat das Primat, ältester sowjetischer Kriegs-Photoreporter zu sein; und das zweite Primat: Vier Jahre ununterbrochene Arbeit eines in den vordersten Linien photographierenden Journalisten. Für diese Arbeit war Lipskerow auch im Alter noch physisch und psychisch ausgezeichnet disponiert. Einige seiner Bilder aus dieser Zeit gehören zweifellos – wegen des inneren Erlebens, der Dramatik und gefühlsbetonten Atmosphäre – zu den Meisterwerken der sowjetischen Kriegsphotoreportage. Im fortgeschrittenen Alter arbeitete Lipskerow für verschiedene Verlage und arrangierte eine Autorenausstellung, einen interessanten Querschnitt durch sein Lebenswerk. Unikate von dokumentarischem Wert sind auch seine Photographien vom Aufenthalt bei den Polarforschern in Kamtschatka.

*Nappelbaum, Mojsej Solomonowitsch (1869–1958)*
Er lernte bei der italienischen Firma Boretti im Jahre 1884 das Photographieren. Später führte ihn das Schicksal nach Smolensk, Moskau und Odessa, nach Warschau, New York, Philadelphia, Pittsburg und anderen Städten. Das Gebot des Atelierphotographen – spezialisiert auf das Porträt – sein Sehen den verschiedensten Geschmacksrichtungen und lokalen Anforderungen anzupassen, hinderte Nappelbaum nicht, seine eigene Autorenhandschrift auszubilden. Seine Porträts, die er ab 1910 in der Zeitschrift »Solnce Rosii« publizierte, zeichnen sich vor allem durch die treffende Wiedergabe des Charakters der porträtierten Personen aus. Das Wichtigste waren für

Nappelbaum die Gesichtszüge, in denen sich der Intellekt widerspiegelt, und dann vorzugsweise der Ausdruck der Augen. In seiner langjährigen Praxis mußte er sich des öfteren mit unzufriedenen Kunden auseinandersetzen, die seine Porträts für nicht sehr schmeichelhaft hielten. Die entscheidende Wendemarke in Nappelbaums Schaffen war die Oktoberrevolution. Er hörte auf, reiche, aber sonst unbedeutende Persönlichkeiten zu photographieren und stellte sich auf Repräsentanten der zeitgenössischen Politik, Kultur, Wissenschaft und Kunst ein. Im Januar 1918 schuf er das erste offizielle Porträt W. I. Lenins als Staatsmann und photographierte eine ganze Reihe seiner Mitarbeiter. Die fruchtbarsten Jahre seines Lebens waren die Zwanziger- und Dreißigerjahre, in denen er Politiker, Schriftsteller, Künstler, Schauspieler, Musiker, Wissenschaftler porträtierte. Die Galerie der Porträts, die Nappelbaum nach und nach schuf, hat in der russischen und sowjetischen Photographie weder dem Umfang, noch der Qualität nach ein Äquivalent. Im Jahre 1918 wurde im Annen-Palast in Petersburg die erste Nappelbaum-Ausstellung veranstaltet, sie hatte historische Bedeutung. Einerseits sollte die Ausstellung der Öffentlichkeit als Beispiel photographischer Kunst dienen, andererseits lernte hier die Öffentlichkeit zum ersten Mal die Gesichtszüge W. I. Lenins kennen. Als kurz darauf die sowjetische Regierung nach Moskau verlegt wurde, organisierte Nappelbaum mit Unterstützung des Ministerpräsidenten Swerdlow den ersten staatlichen Photodienst beim Allrussischen Zentralexekutivkomitee. Nappelbaum ist Repräsentant der klassischen Schule des photographischen Porträt.

*Petrusow, Georgij Georgijewitsch (1903–1971)*
Er begann als Reporter beim Bau des Hüttenkombinats in Magnitogorsk zu photographieren. Doch zur eigentlichen Schule wurde für ihn die Arbeit im Kollektiv der Photographen, die sich in den Dreißigerjahren um die Bildzeitschrift »SSSR na strojke« sammelten, denn hier publizierten zu dieser Zeit alle namhaften Photographen. Für den Bedarf dieser Zeitschrift entstanden Petrusows Photographien, deren Thematik die Anfänge des kollektiven Wirtschaftens auf dem Lande sind; Petrusow fing Leben und Arbeit in den ersten landwirtschaftlichen Genossenschaften, den Kolchosen ein. Einige dieser Photographien wahren einen natürlichen dokumentarischen Charakter; andere dagegen sind malerisch arrangiert, so daß sie eher die ideale Vorstellung vom kollektiven Zusammenleben, als den tatsächlichen Stand der Dinge darstellen. Petrusow wurde wegen seiner Tendenz, durch die Photographie zu idealisieren, kritisiert. Am schwersten wiegt der Vorwurf des Historikers der sowjetischen Photographie S. A. Morozow im Buch »Sovětskaja chudožestvennaja fotografija« (»Die sowjetische künstlerische Fotografie«, Moskau, 1958). Gegenstand des Vorwurfs war das Bild »Gemeinsames Mittagessen« aus dem Jahr 1936. Aber auch dieser Inszenierung – die fraglos ihren Tribut an die schematische Denkweise jener Zeit entrichtet – kann man einen gewissen Zauber und folkloristischen Reiz nicht absprechen. Diese Neigungen Petrusows kamen später voll zum Durchbruch, als er sich auf das Photographieren von Theater, Tanz und volkstümlicher Folklore verlegte. Als Frontphotograph im Zweiten Weltkrieg kam er mit den sowjetischen Truppen bis nach Berlin. Nach dem Krieg, 1955, gab er ein Buch über das Ballettensemble des Bolschoi-Theaters in Moskau heraus. In diesem Werk kulminierte Petrusows Vorliebe für die szenische Photographie.

*Rodtschenko, Alexandr Michajlowitsch (1891–1956)*
Bedeutendste Persönlichkeit der experimentellen Strömung in der sowjetischen Photographie zwischen den Kriegen. Rodtschenko wurde in Petersburg geboren, studierte aber an den Kunstschulen in Kasan und Moskau. Durch seine malerische Gestaltung gehörte er schon während seines Studiums zu den führenden Repräsentanten der künstlerischen Avantgarde. Im revolutionären und nachrevolutionären gesellschaftlichen und politischen Gärungsprozeß beteiligte sich Rodtschenko aktiv am kulturellen und künstlerischen Geschehen. Er war Mitglied der Abteilung Kunsterziehung des Volkskommissariats für Kultur, Direktor des Museums für schöpferische Kultur, von 1921–1931 Professor an der Kunstgewerbeschule VCHUTEMAS und Dekan ihrer technischen Fakultät. Im Geiste des konstruktivistischen Denkens und der Bewegung des Produktivismus widmete sich Rodtschenko einer bahnbrechenden Arbeit auch auf den Gebieten der Typographie, Buchillustration, Reklame, Szenographie und des Kunstgewerbes. 1920 war Rodtschenko Mitbegründer der Gruppe der Konstruktivisten; 1923 stand er an der Wiege der avantgardistischen Zeitschrift »Lef«, Presseorgan der gleichzeitig entstandenen Moskauer literarischen Gruppe in der UdSSR, genannt »Levyj front iskusstv« (»Linke Front der Kunst«). Die Photographie verwendete Rodtschenko zunächst für typographische Ausstattungen. 1924 begann er selbst zu photographieren, 1925 projektierte und installierte er die sowjetische Exposition auf der Weltausstellung in Paris. Rodtschenko war nicht – wie man gewöhnlich irrtümlich annimmt – Begründer der sowjetischen Photomontage, aber er entwickelte sie in schöpferischer Weise. Im Jahre 1928 stellte er zum ersten Mal seine photographischen Arbeiten in Moskau und Stockholm aus. Ab 1931, nachdem er des Formalismus beschuldigt worden war, schuf Rodtschenko monothematische, reportagehaft photographische Bildserien. Es sind Zyklen über Moskau, Sport, Sportler und Sportfeste, über den Bau des Weißmeer-Ostsee-Kanals u. a. In der Reportagephotographie blieb Rodtschenko ein Kämpfer für das neue Sehen der neuen Wirklichkeit. Er setzte sich für einen neuen, ungewöhnlichen, völlig unerwarteten Blickwinkel ein; er arbeitete mit steilen Aufsichten und Untersichten, Diagonalkompositionen, Detailausschnitten. Das verband ihn mit dem experimentellen Suchen ausländischer Photographen dieser Ära (Moholy-Nagy, A. Renger-Patzsch, Man Ray u. a.). In der Zeit der scharfen und kompromißlosen Kritik an Rodtschenko war das auch die Quelle der Vorwürfe und der Verspottung. Man warf ihm vor, die Arbeiten ausländischer Kollegen zu kopieren und aus Westeuropa unerwünschte Einflüsse und fremdartige Elemente in die sowjetische Kultur einzuschleppen. Durch seine photographischen Experimente war Rodtschenko seiner Zeit zu weit voraus; er überschätzte das Wahrnehmungsvermögen seiner Zeitgenossen. Es ist natürlich, daß der einfache Mensch - gewöhnt, die Wirklichkeit frontal - so zu notieren, wie sie sich vollkommen deskriptiv durch ein Guckloch zeigt – äußerst irritiert war durch Rodtschenkos knapp gefaßte Denkweise, durch die Zeichensprache des Bildes, durch die ungewohnte Ästhetik, die zur Mitarbeit provozierte. Der Kommunikation unfähig, lehnte dieser Mensch Rodtschenkos Werk als unverständlich ab. Durch sein ehrliches Bemühen um eine neue, wahrhaft revolutionäre Sicht der neuen sowjetischen Wirklichkeit beeinflußte Rodtschenko auch andere Photographen: B. Ignatowitsch, A. Schterenberg, E. Langman, B. Kudojarow u. a. Rodtschenko starb in Moskau; bis heute in un-

verändertem Zustand, ist seine Wohnung eine Art Privatmuseum. In den Sechzigerjahren erregte Rodtschenko Aufmerksamkeit, heute bewundert ihn die ganze Welt.

### Sanjko, Galina Zacharowna (1904–?)

Zur Photographie kam sie wie die anderen Kollegen ihrer Generation in den Dreißigerjahren. Obwohl sie nicht in der Redaktion einer bekannten Zeitschrift, sondern im Fachblatt des Unternehmens »Vodní doprava« (»Transport zu Wasser«) arbeitete, lernte sie in kurzer Zeit die nahen und entfernten Gebiete des Landes kennen. Sanjko photographierte die Erdölgewinnung im Kaspischen Meer, den Schiffstransport auf der Wolga, Kama und Dwina, im Süden und im hohen Norden. Als journalistisch arbeitende Frau drang sie in Gebiete vor, die bis zu dieser Zeit nur Männern vorbehalten waren. Sanjko gewann ihren Respekt; geschickt brachte sie es fertig, den Hindernissen zu begegnen, die traditionell denkende Männer in den Weg legten. Sie hatte ein ausgeprägtes Organisationstalent; um ihr Vorhaben zu verwirklichen, zögerte sie nicht, die höchsten Stellen der Behörden zu mobilisieren und geduldig auf die Erledigung zu warten. Sanjkos Arbeit gewann ständig größeres Ansehen. An Bord des Eisbrechers »Krassin« fuhr sie durch das ewige Eis bis zur Wrangell-Insel, lernte das Leben unter den Eskimos kennen, photographierte auf der Halbinsel Kamtschatka, die Sanjko bildmäßig de facto für die Berichterstattung entdeckte. Sanjkos Photographien aus dieser Zeit sind ziemlich statisch; man sieht ihnen das formale kompositorische Suchen an, das die Photographie dem Gemälde annähert. Aber die empfängliche Feinfühligkeit der Frau erlaubte Sanjko auch, so manches vom Lebensstil der Bewohner dieser Gebiete einzufangen, sich für die soziale Motivation zu interessieren, die ihren männlichen Kollegen fremd blieb. Während des Zweiten Weltkriegs wirkte Sanjko als eine der fünf sowjetischen Kriegsreporterinnen. Dabei bewies sie eine fast männliche Tapferkeit. Mit ihr ertrug sie die Härten des Frontlebens; und wenn sie in Gefechte geriet, zögerte sie nicht, mit Sanitätern die Verwundeten zu bergen und zu versorgen. Eine schwere Flugzeughavarie überstand sie unverletzt.

Sanjko registrierte auch im Alltag des Krieges Elemente, die Männer in der Regel nicht beachten; Sanjko brachte so manches »Kriegs-Stilleben« zum Vorschein: Die stille Machtlosigkeit der Toten, die einswerden mit der sie umgebenden Natur; den Schmerz der Mutter; die Leere der Ruinen; Trauer und Leid im grausamen Augenblick des Erkennens; die sozialen Folgen des Krieges. Auch in späteren Jahren photographierte Sanjko mit Erfolg; die Stärke ihres Beitrags liegt in der Reportagephotographie und im Dokument.

### Saweljew, Alexej Iwanowitsch (1883–1923)

Autodidaktisch gebildeter Photograph aus dem Dorf Borodino. Er vervollkommnete sein Wissen im Porträt-Atelier des Photographen Gribow in Moskau. Saweljew arbeitete auch als Typograph, interessierte sich für Chemie, machte die verschiedensten Versuche, träumte von der Farbphotographie, experimentierte mit der Farblithographie und hatte Erfolg mit seinem originellen Druckverfahren. Zum bekannten und mobilen Registrator aktueller Ereignisse wurde er schon vor der Revolution. Seine Photographien wurden bereitwillig auch von ausländischen Zeitschriften übernommen. Das Moskauer Leben hat Saweljew wahrheitsgetreu und schlicht mit dem Objektiv praktisch seit Beginn des Jahrhunderts ohne Unter-

brechung verfolgt. Er hat aber seine Arbeiten erst signiert, nachdem er Photograph der Zeitung »Russkoje slovo« (»Russisches Wort«) wurde. Im Unterschied zu den meisten Kollegen beachtete Saweljew nicht nur die offiziellen gesellschaftlichen Anlässe. Auf 150 Bildern zeichnete er z. B. den Fortgang der revolutionären Ereignisse des Jahres 1905 auf, die mit dem ungünstigen Ende des Russisch-Japanischen Krieges zusammenhingen. Aber auch diese Arbeiten betreffen nur Moskau. Seine Photographien haben einen ausgeprägt humanitären Gehalt. So erfassen beispielsweise die – niemals veröffentlichten – Photographien aus dem Ersten Weltkrieg die Leiden der Kriegsflüchtlinge und verwundeten Soldaten. Sehenswert ist auch Saweljews Serie »Momente«, mit der er 1917 neununddreißig Nummern der Tageszeitung »Iskry« (»Die Funken«) füllte. Mit dieser Serie dokumentierte Saweljew die grausame Realität des Lebens in einem vom Krieg zerrütteten Staat, der sogar nach der bürgerlich-demokratischen Februarrevolution unfähig war, die verlorene Sicherheit wiederzufinden. Nach der Oktoberrevolution war Saweljew universal als Photoreporter tätig, der praktisch mit allen erreichbaren Zeitungen zusammenarbeitete.

### Smirnow, N. (?)

Smirnow ist als Photograph nicht näher zu identifizieren. Sein Name taucht häufig in der UdSSR auf.

### Schagin, Iwan Michajlowitsch (1904–?)

Stammt aus dem Jaroslawer Gebiet, wurde im Dorf Njekous geboren. Während der Oktoberrevolution ernährte er sich als Zeitungsverkäufer, dann wurde er Matrose auf einem Kriegsschiff. Im Jahre 1922 kehrte er nach Moskau zurück, war aber wieder als Arbeiter und Verkäufer tätig. Als Diener in einer Redaktion führte ihn der Zufall mit dem später bedeutenden Film-Dokumentaristen Roman Karmen zusammen, der zu dieser Zeit Umbruchredakteur der Zeitschrift »Naše noviny« (»Unsere Zeitung«) war. Schagin verfolgte interessiert, wie Karmen die Seiten zusammenstellte; unter seinem Einfluß begann er zu photographieren. Ab 1928 war Schagin Korrespondent der Redaktion von »Naše noviny« und begann nach und nach mit weiteren Zeitschriften zusammenzuarbeiten. Vom 1932 bis 1950 war Schagin Chefreporter der zentralen Tageszeitung der Jugend »Komsomolskaja pravda« (»Komsomolskische Wahrheit«). In der zweiten Hälfte der Dreißigerjahre beteiligte sich Schagin als Photograph an großen Expeditionen, Exkursionen und Fernflügen. Schagin war von der neuen Technik und ihren Möglichkeiten enthusiasmiert und konnte das in seinen Photographien ausdrücken. Aus den Kriegsjahren sind seine wirkungsvollen Aufnahmen von der Eroberung des Reichstages in Berlin am bekanntesten.

### Schajchet, Arkadij Samojlowitsch (1898–1959)

Schlosser auf einer Schiffswerft. Mit der Photographie kam er als Retuscheur im Atelier eines Moskauer Berufsphotographen in Berührung. Doch schon fünf Jahre später erntete Schajchet Erfolge als Photograph auf Ausstellungen in Moskau und London. Er war ein typisches Kind seiner Zeit, die jedem eine Chance bot, der aus den Schichten des Volkes kam. Die Welle der Demokratisierung der russischen Gesellschaft nach der Oktoberrevolution änderte von Grund auf auch Schajchets Leben. Ab 1924 publizierte er in der Zeitschrift »Ogonjok«. Sein Name war von Anfang an mit der Entwicklung der sowjetischen Photojournalistik eng verbunden. Schajchet wur-

de zum bedeutendsten Photojournalisten jener Ära der grundlegenden Veränderungen der russischen Gesellschaft, als das bäuerliche Rußland von seiner Vergangenheit Abschied nahm, zum ersten Mal plante und unmittelbar darauf selbst begann, sein eigenes, neues Leben zu bauen. Es war eine Ära unglaublicher Not und Armut, gleichzeitig aber auch der glühenden Begeisterung, der durch nichts beschönigten, der einfachen Wahrheit des einfachen Menschen. Schajchet hatte es nicht nötig, bildnerisch zu experimentieren; es genügte ihm, von dem zu erzählen, was er um sich herum sah, womit er bei jedem Schritt zusammentraf. Er stand an der Wiege der modernen sozialen Reportage, er selbst hat sie durch seine Arbeit erfolgreich entwickelt. Mit Fleiß und ungewöhnlichem Interesse sammelte er Tag für Tag im ganzen Land Belege über diese dramatische, konfliktreiche Zeit. Er ließ sich durch ihre Einfachheit, Inbrunst, ihren Optimismus mitreißen, durch den gesunden, durch nichts beeinträchtigten Glauben an die unwandelbaren Werte der Gesellschaft, die durch das Feuer der Revolution und die Schrecken des Bürgerkrieges gegangen war. Schajchet bezauberten auch später nicht nur die Errungenschaften der Technik, umfangreiche Bauten, die schwungvolle Gebärde der Sozialisierung allein, sondern er blieb weiterhin am Menschen interessiert, an seinen Gefühlen, Eindrücken, Erfahrungen, Bedürfnissen, an seinem ununterbrochenen Entdecken der Wesenheit des Lebens und seines Sinnes. Schajchet arrangierte nichts; ja, sogar auf den ästhetischen Charakter seiner Aufnahmen achtete er nicht übermäßig. Dafür überwachte er ängstlich ihre dokumentarische Glaubwürdigkeit. Schajchet gehörte zum Kollektiv der vier Journalisten Alpert, Schajchet, Tules und Redakteur Mežericev, die der Propaganda neue Wege bahnten. Er beteiligte sich an der Entstehung der kleinen Bildgeschichte »24 Stunden der Familie Filippow«, aber es hat nicht den Anschein, daß sie gerade für ihn typisch wäre. Dutzende von Bildern dieses umfangreichen gemeinsamen Werkes können wir heute kaum noch zuordnen; fast aber will man jene analysieren, die an Schajchets individuelles Sehen erinnern. Der gereifte Journalist fand sein großes Thema auch an den Fronten des Zweiten Weltkriegs. Bei Schajchet ist der einfache Soldat an Urelementen aller kriegerischen Operationen – keineswegs ein namenloses Individuum, sondern eine unwiederholbare Persönlichkeit, groß durch ihre Demut angesichts der schicksalhaften Bestimmung. Der Name Schajchet begleitete Jahrzehnte hindurch die Photographien im überwiegenden Teil der sowjetischen Presse. Doch erst im Jahre 1973 erschien im Moskauer Verlag »Planeta« eine Monographie, die dazu beitrug, Schajchet kennenzulernen.

### Schischkin, Arkadij Wasiljewitsch (1899–?)

Das ganze Leben photographierte er landwirtschaftliche Themen. Schischkin, Sohn eines Tischlers in der Provinz, wurde im Gouvernement Wjatka (heute Kirow-Gebiet) geboren. Dorthin wurde unter den Zaren oft die Intelligenz verbannt. Das Photographieren hat Schischkin beim Porträtisten N. M. Richter in Kasan erlernt. Von dort ging er nach Petersburg, arbeitete als Filmvorführer und als Laborant in einem Photoatelier. Schischkin beteiligte sich an den Petersburger Demonstrationen des Jahres 1917, im Jahr darauf trat er während des Bürgerkrieges als Freiwilliger in die Rote Armee ein. Erst nach vier Jahren kehrte er ins Zivilleben zurück. Schischkin wurde Korrespondent einiger landwirtschaftlicher Zeitungen: »Krestjanskaja gazeta« (»Landwirtschaftliche Zeitung«),

»Krestjanka« (»Die Bäuerin«) u. a. Zunächst lieferte er nur Beiträge, später übersiedelte er nach Moskau und wurde Redaktionsmitglied der »Krestjanskaja gazeta«. Er schrieb eine bebilderte Chronik über den Verlauf der Kollektivierung des Landes. In den Dreißigerjahren besuchte Schischkin die Vorträge von Professor I. N. Bochonow über photographische Komposition und war einige Zeit Mitglied der Gruppe »Oktjabr«. Das beeinflußte zwar die expressive Komponente seiner Arbeiten, doch Schischkin kehrte bald wieder zu seiner ursprünglich realistischen Art des Sehens zurück. Sein Wert als Photograph liegt vor allem in seiner detaillierten, ehrlichen Aufzeichnung der fortschreitenden Veränderung des russischen Dorfes.

### Schterenberg, Abram Petrowitsch (1894–1978)

Ausgelernter Photograph, stammte aus Shitomir. Im Jahre 1919 trat er in die Rote Armee ein und arbeitete in ihrer photographischen Abteilung. Bereits in den Zwanzigerjahren ein hervorragender Porträtist, war Schterenberg mit A. Rodtschenko, B. Ignatowitsch, B. Kudojarow und den übrigen Mitgliedern der Gruppe »Oktjabr« eng befreundet. Wie sie war auch Schterenberg entschlossen, alle seine schöpferischen Kräfte und Fähigkeiten der Sache der Revolution zu widmen. Nach einer vernichtenden Kritik befaßte sich Schterenberg wie seine Freunde mit Reportage, kehrte aber nach einiger Zeit wieder zur Porträtphotographie zurück. Er ist Autor einer Reihe meisterhafter Porträts bekannter und unbekannter Persönlichkeiten; wenn er auch der Photographie von Landschaft und Stillleben passionierte Aufmerksamkeit schenkte, so war es doch seine Kunst des Porträts, die Schterenberg unter die bedeutendsten sowjetischen Photographen eingereiht hat. Ähnlich wie A. Rodtschenko konzentrierte sich Schterenberg auf das markante Detail des Gesichts, in dem er weich – mehr wie ein Maler als ein Photograph – den Charakter des Porträtierten modellierte. In den Zwanziger- und Dreißigerjahren beteiligte sich Schterenberg an vielen in- und ausländischen Ausstellungen. In den Jahren nach dem Zweiten Weltkrieg stand Schterenberg schon nicht mehr im Vordergrund des öffentlichen Interesses, obwohl er bis zu seinem Tod als Sonder-Photokorrespondent der Agentur APN gearbeitet hat.

### Tomin, Viktor Antonowitsch (1908–?)

In der ganzen Sowjetunion – besonders bei der Vorkriegs- und Kriegsgeneration der Photojournalisten berühmt durch seine journalistische Gewandtheit, Findigkeit und Schlagfertigkeit. Erstrangiger Gegenstand seines Interesses war stets die Bildnachricht, der an Ort und Stelle gewonnene Beweis. Tomin stammt aus dem Gouvernement Kasan. Er ist wieder ein Beispiel für die gesellschaftliche Demokratisierung, die auch Angehörigen nichtrussischer Völker und ethnischer Gruppen Lebenschancen bot. Schon als vierzehnjähriger Junge begann Tomin in der tatarischen Zeitung »Krasnaja Tatarija« (»Rote Tatarei«) zu publizieren. Der offenkundig angeborene Sinn für die Bedeutung eines Ereignisses führte ihn gleich von Anfang an mit Maxim Gorkij zusammen, als er 1928 aus der Fremde in die Heimat zurückkehrte. Diese Begegnung hat sichtlich Tomins weiteren Lebensweg beeinflußt. Dem Dichter – durch seine Initiative begann die Photographie, sich in der sowjetischen Presse Geltung zu verschaffen - gefielen Tomins Bilder; zur Belohnung schenkte er dem blutjungen Reporter eine technische Neuheit, die Reportage-Leica. Aus Pietät und Qualitätsgründen hörte Tomin nie auf, mit ihr zu photo-

graphieren; er verwendet sie noch heute. Als Reporter wechselte er nach und nach alle führenden Redaktionen, Presse- und Nachrichtenorganisationen der Sowjetunion. Er arbeitete an den Tageszeitungen »Prawda«, »Krasnaja zvezda«, am Wochenblatt »Ogonjok«, in der sowjetischen Agentur TASS. Nach Bedarf wechselte Tomin schnell die Stelle; manchmal plazierte er seine Berichte auch in einigen Redaktionen gleichzeitig, so im militärischen Konflikt mit Japan an der mandschurischen Grenze. Dank seiner weitreichenden freundschaftlichen Kontakte flog Tomin gleich mit der ersten Bomberstaffel in den Fernen Osten und wurde so der einzige Photograph, dem man es ermöglichte, dort zu arbeiten. Natürlich lockten ihn auch die großen Expeditionen der Dreißigerjahre.

Tomins Name ging schon am ersten Tag des Friedens um die Welt, denn als erster Photograph des Zweiten Weltkriegs hatte er – während noch die Kämpfe um Berlin tobten – die sowjetische Fahne auf der Kuppel des Reichstags photographiert. Tomin nahm auch die Kapitulation der Japaner und die Hinrichtung der Kriegsverbrecher nach dem Nürnberger Prozeß auf. Tomins ein und alles blieb zeitlebens der Bildbericht. Einige Jahrzehnte war er der persönliche Freund und ständige Photograph des Schriftstellers Michail Scholochow.

### Tules, Salomon (?)

Photograph, bekannt durch das Dreierkollektiv (Schajchet, Alpert, Tules), das 1931 die erste kleine Photogeschichte »24 Stunden der Familie Filippow« gestaltet hat. Tules fiel als Photoreporter im Zweiten Weltkrieg.

### Ustinow, Alexandr Wasiljewitsch (1906–?)

In der zweiten Hälfte der Zwanzigerjahre begann er am VGIK (Allunionsinstitut der Kinematographie) zu studieren, aber das Interesse für die Photographie lenkte ihn vom Studium ab. Ustinow fuhr aufs Land, um die Veränderung des Dorfes im Laufe der Kollektivierung der Landwirtschaft zu photographieren. In den Dreißigerjahren arbeitete er mit verschiedenen Redaktionen zusammen. Ustinow photographierte die Kämpfe an der Wolchow-Front, zeichnete die Vorbereitungen für die Verteidigung von Moskau auf, kam dann mit den Truppen der Front von Brjansk, der Südwestfront, der Front am Don, der ersten und zweiten ukrainischen Front praktisch durch das ganze europäische Rußland. In Torgau a. d. Elbe photographierte Ustinow am 25. April 1945 die Begegnung sowjetischer und amerikanischer Truppen. Seither arbeitet er als Sonderkorrespondent der »Prawda«.

### Zelma, Georgij Anatoljewitsch (1906–?)

Wurde in Taschkent (SSR Usbekistan) geboren, verlebte dort seine frühe Kindheit und hörte sein Leben lang nicht auf, dorthin – auch als Reporter – zurückzukehren. Mit fünfzehn Jahren übersiedelte er mit seinen Eltern nach Moskau und besuchte die Schule der Moskauer Abteilung für Volksbildung. In einer Interessengemeinschaft der Schule bekam Zelma zum ersten Mal einen Photoapparat (Kodak 9 × 12) in die Hand. Die Möglichkeit zu photographieren öffnete ihm eine neue Welt. Das tiefere Interesse für die Photographie führte Zelma zunächst ins Filmstudio »Proletkino« (»Proletarischer Film«), später in die Agentur »Russfoto« (»Russische Photographie«), wo er photographieren lernte. Hier sammelte Zelma wertvolle Erfahrungen, denn die Agentur – die erste ihrer Art in der

UdSSR – versorgte die ausländische Presse, und gerade in dieser Zeit arbeiteten für die Agentur bedeutende Photographen wie der Porträtist A. Schterenberg, S. Blochin, A. Tules u. a. Da es Zelmas Familie in Moskau nicht gut ging, kehrte sie nach Taschkent zurück, und der blutjunge Georgij wurde Korrespondent der Agentur »Russfoto« für das sowjetische Gebiet Zentralasiens. Diese außergewöhnliche Chance hat vermutlich Zelma zum großen Photoreporter werden lassen. Er bewegte sich unter Menschen, deren Mentalität und Lebensart ihm vertraut waren; er sprach ihre Sprache, ihr Denken war ihm nicht fremd. So kam es, daß Zelma nicht bloß die Oberfläche der revolutionären Veränderungen registrierte, zu denen es während der Zwanziger- und Dreißigerjahre in den Randgebieten der UdSSR kam; daß er in die Tiefe, zur sozialen Substanz der Veränderungen vordrang. Da war das Generalthema dieser Zeit, die Befreiung der Frau, die tausend Jahre hindurch in der Knechtschaft der traditionellen Ungleichheit mit dem Mann gelebt hatte. Hier ging es nicht nur um den Prozeß der Enthüllung des Gesichtes, sondern um die Vergesellschaftung der vollen Hälfte der Bevölkerung, von der das weitere Schicksal des revolutionären Prozesses abhing. Und weitere, nicht weniger schwerwiegende Themen: Der Prozeß der Abschaffung des Analphabetentums, der Prozeß der Technisierung, der Effektivität menschlicher Arbeit.

Und dann das Wasser, das lebenspendende Element: Nur das Wasser hat die Kraft, den ewig sich bewegenden Wüstensand vor der Vegetation zurückweichen zu lassen. Weiträumige Systeme ausgiebiger Bewässerung, die schnell im ganzen Land gebaut wurden, gingen über die Kräfte Einzelner; bei den damaligen Mitteln konnten derartige Systeme nur durch organisierte Menschenmassen realisiert werden. Das war der zweite Teil der revolutionären Veränderungen; sie haben den Menschen dieser Gebiete schnell von seiner mittelalterlichen Rückständigkeit befreit.

Zelmas Bilder von all diesen Vorgängen und Veränderungen sind wertvolle historische Dokumente, geschrieben mit den spezifischen Mitteln der Photoreportage. In den Dreißigerjahren war Zelma Reporter der Tageszeitung »Izněstija« (»Nachrichten«). Ähnlich wie seine Kollegen in anderen Redaktionen konzentrierte er sich auf die großen Bauten der ersten wirtschaftlichen Fünfjahrespläne. Leider ohne innere Anteilnahme und infolgedessen ohne größeren Erfolg. Bis wiederum der Zweite Weltkrieg und besonders der viermonatige, ununterbrochene Aufenthalt im belagerten Stalingrad zu Bildern führten, die auf tiefem persönlichen Erleben und gründlicher Kenntnis der Problematik beruhten. Ohne diese zwei Grundbedingungen konnte nicht einmal ein Reporter vom Format Zelmas in späteren Jahren seine bedeutenden Erfolge der Zwanziger- und Dreißigerjahre wiederholen. Nach dem Krieg arbeitete Zelma als Reporter der Wochenzeitung »Ogonjok« und in der Agentur APN.

# Ausgewählte Bibliographie

## Zeitschriften und Sammelwerke

*Burjak, Igor:* Georgij Lipskerow, Planeta, Mastěra sovětskogo fotoiskusstva, Moskau 1976

*Dyko, Lidija:* Boris Kudojarov, Planeta, Mastěra sovětskogo fotoiskusstva, Moskau, 1975

*Fomin, Anatolij:* Fotoreportěr Arkadij Šiškin, Iskusstvo,
Moskau, 1969

*Chodžajev, Fajzulla:* Max Benson, Planeta, Mastěra sovětskogo fotoiskusstva, Moskau, 1973

*Karginov, German:* Rodczenko, Corvina, Budapest,
1975

*Karmen, Roman:* Max Alpert, Planeta, Mastěra sovětskogo fotoiskusstva, Moskau, 1974

*Linhart, Lubomír:* Alexandr Rodšenko, SNKLU, Prag,
1964

*Nappelbaum, M. S.:* Ot remesla k iskusstvu, Iskusstvo,
Moskau, 1960

*Mellor, David:* Germany - The New Photography
1927–33, Arts Council of Great Britain, London, 1978

*Morozov, Savva:* Galina Saňko, Planeta, Mastěra sovětskogo fotoiskusstva, Moskau, 1975

*Morozov, Sergej:* Russkaja chudožestvennaja fotografija
1839–1917, Iskusstvo, Moskau, 1955

Sovětskaja chudošestvennaja fotografija 1917–1956, Iskusstvo, Moskau, 1958

Fotograf-chudožnik Dmitrijev, Iskusstvo, Moskau, 1960

*Rodchenko, Alexander:* Museum of Modern Art, Ox-
ford, 1979

*Sartorti, Rosalinde; Henning, Roge:* Sowjetische Fotografie 1928–1962, Carl Hanser Verlag, München, 1975

*Šajchet, A., Alexandrov, A.:* Arkadij Šajchet, Planeta,
Mastěra sovětskogo fotoiskusstva, Moskau, 1973

*Ustinov, Alexandr:* Izbrannyje fotografii, Planeta, Moskau, 1976

*Volkov-Lannit, Leonid:* Istorija pišetsja ojektivom,
Planeta, Moskau, 1971

Boris Ignatovič, Planeta, Mastěra sověskogo fotoiskusstva, Moskau, 1973

Alexandr Rodčenko, Iskusstvo, Moskau, 1968

*Zelma, Georgij:* Isbrannyje fotografii, Planeta, Moskau,
1978

Fotožurnalist i vremja, Planeta, Moskau, 1974
Proletarskoje foto, Moskau, 1931
Sovětskoje foto, Moskau, 1926–1941, 1957–1980
Fotografičeskij almanach, Moskau, 1928–1930
SSSR na strojke, Moskau, 1930–1934
Lef, Moskau, 1923–1925
Novyj Lef, Moskau, 1927–1928
Revue fotografie, Prag, 1972–1979